孩子聪明就这么简单

聪明妈妈私手记

王佳◎著

中国华侨出版社

图书在版编目（CIP）数据

聪明妈妈私手记：孩子聪明就这么简单 / 王佳著. — 北京：中国华侨出版社，2013.5

ISBN 978-7-5113-3536-4

I. ①聪… II. ①王… III. ①儿童教育－家庭教育 IV. ①G78

中国版本图书馆CIP数据核字（2013）第084657号

• **聪明妈妈私手记：孩子聪明就这么简单**

著　　者 / 王　佳

责任编辑 / 文　筝

责任校对 / 孙　丽

经　　销 / 新华书店

开　　本 / 787毫米×1092毫米　　1/16　　印张 / 14　字数 / 250千

印　　刷 / 北京中振源印务有限公司

版　　次 / 2013年8月第1版　　2013年8月第1次印刷

书　　号 / ISBN 978-7-5113-3536-4

定　　价 / 32.00元

中国华侨出版社　　北京市朝阳区静安里26号通成达大厦3层　　邮　编：100028

法律顾问：陈鹰律师事务所

编辑部：（010）64443056　　传真：（010）64439708

发行部：（010）64443051

网　　址：www.oveaschin.com

E-mail：oveaschin@sina.com

前言

每个孩子与生俱来都拥有一个神秘的宝藏，这就是天赋的智能。智能是人对环境的适应和反应能力，是各种心理能力的总和，包括观察力、注意力、记忆力、思维力、想象力、创造力和实践能力。19世纪的教育奇书《卡尔·威特的教育》开宗明义地提到："每个孩子都具备成为天才的潜能。"

透过孩子生活的点点滴滴，发现孩子的聪明潜质，就等于为他们打开了一扇通往幸福之门的窗。值得欣喜的是，我们许多的年轻爸妈都非常重视孩子的早期教育，尤其注重用科学的方法来开发孩子的大脑潜能。但是，当我们的父母面对目前市场上各类众说纷纭的早教指南和众多教育家不尽相同的育儿理念时，往往会在犹豫不决的过程中错失了提升孩子聪明才智的最佳时机。甚至于，很多父母走偏了方向，陷入了误区，被越来越多的问题困扰着。

其实，天赋智能的发现并不意味着要花巨资给孩子报各种各样的辅导班，也并不意味着带孩子奔走于各种各样的比赛。事实上，孩子智能的开发要从小做起，不能错过最好的教育阶段。正如意大利教育家蒙台梭利所说："儿童的任何才能都不是与生俱来、生而有之的。后天的积极培养和科学指导才是挖掘儿童才能潜能的最有力的方式。"

天底下所有父母都想让自己的孩子健康聪明，那么，又该如何发现和激发孩子的聪明潜质呢？这是一个严肃的话题，同时也是一个简单的话题。那就是，抓住孩子智能发育的黄金7年，开启孩子的聪明未来。

如果把人类成年后能够达到的智力水平看做100分的话，那么，从出生到4岁这个时期，孩子的智力水平大多会发展到50分，等孩子长到7岁的时候，其智力水平往往会达到甚至超过80分，而剩下的20分，则会在7~18岁这个长长的年龄段中逐渐获得。如此看来，0~7岁是孩子智能成长的最关键时期，所以，在孩子的每一个成长关键期，父母明白应该教什么，又该怎么教，孩子聪明才会变简单。我们常说，教育的最终目的就是让孩子快乐成长，能用自己的智慧去创造更多的价值。而《聪明妈妈私手记》一书，其所阐明的开发孩子智能的教育方法无疑是很值得我们家长朋友借鉴的。

　　本书倾心收录了60位聪明妈妈的家庭教育智慧，将来自生活的点滴实践和提升孩子智能的科学理论相结合，与家长朋友分享在0~7岁这一关键期，如何才能让孩子健康又聪明地成长。这对于新手父母和即将成为父母的读者朋友来说，无疑是为他们提供了一套能够亲身实践，并使自己孩子的智力得到超常发展的育儿方案。

　　请记住，聪明的妈妈总是会用一颗真心去发掘孩子身上的潜质，让他（她）成为天空中最亮的那颗星！而你就是下一个聪明妈妈！

目录

congming mama
sishouji

第一章 话语中绽放的智慧
——抓住孩子语言能力发展的7年黄金期

1. 别忘了，和新生儿"聊聊天"（新生儿）　　//002
2. 咿咿呀呀，宝宝说话的前奏（6~9个月）　　//004
3. 重复和模仿，拉开语言能力发展的序幕（9~12个月）　　//006
4. 一个字一个字地往外蹦（1岁左右）　　//009
5. 越来越会说话了（1岁~1岁半）　　//012
6. 提高宝宝说话的积极性（1岁半~2岁）　　//015
7. 创造条件，促进孩子语言能力的发展（2岁~3岁）　　//018
8. 骂人和诅咒，抓住儿童"运用语言关键期"（3岁~4岁）　　//022
9. 爱说"悄悄话"，孩子懂得探索语言了（3岁~4岁）　　//025
10. 孩子喜欢自言自语（4岁~5岁）　　//028
11. 口语表达能力逐步增强（5岁~6岁）　　//031

第二章 原来身体这么神奇
——抓住孩子身体运动能力发展的7年黄金期

1. "小不点"快快长（出生~3个月）　　//036
2. 第一个动作的飞跃——坐起（4~6个月）　　//040
3. 越爬越聪明（7~8个月）　　//044
4. 家有"十项全能"的宝宝（9~12个月）　　//048

5. 迈出人生第一步（1岁~2岁）　　//051

6. 让孩子尽情地运动（2岁~3岁）　　//054

7. 身体越来越灵活了（3岁~4岁）　　//058

8. 享受运动的乐趣（4岁~5岁）　　//061

9. 每天进步一点点（5岁~6岁）　　//064

第三章 用爱帮助孩子构建自我
　　——抓住孩子自我认知能力发展的7年黄金期

1. 关注宝宝的自我认知能力（出生~3个月）　　//068

2. 一颦一笑中认识自己（4~12个月）　　//072

3. 让孩子自然地成长（1岁~2岁）　　//075

4. 读懂孩子的"自私"（2岁~3岁）　　//079

5. 随时随地进行自尊心培养（3岁~4岁）　　//082

6. 进入身份确认的敏感期（4岁~5岁）　　//086

7. 必要的竞争意识（5岁~6岁）　　//090

8. 给孩子自信（6岁~7岁）　　//094

第四章 陪孩子享受探索的乐趣
　　——抓住孩子视觉空间能力发展的7年黄金期

1. 看看宝宝眼中的世界（出生~1岁）　　//098

2. 色彩启蒙启动啦（1岁~2岁）　　//102

3. 视觉智能的进一步训练（2岁~3岁）　　//106

4. 在玩耍中培养方位感（3岁~4岁）　　//110

5. 让观察力得到提升（4岁~5岁）　　//114

6. 看看、摸摸、闻闻、尝尝（5岁~6岁）　　//117

第五章 练就一双敏锐的音乐耳朵

——抓住孩子音乐能力发展的7年黄金期

1. 开启宝宝的音乐"前能力"（出生~4个月）   //122

2. 最初的"演奏"（5~18个月）   //125

3. 音乐生活的小转折（1岁半~2岁）   //129

4. 伴随音乐翩翩起舞（2岁~3岁）   //132

5. 在游戏中培养孩子的音乐耳朵（3岁~4岁）   //135

6. 亲近音乐，享受无穷乐趣（4岁~5岁）   //138

7. 开始学乐器（5岁~6岁）   //141

8. 用音乐哺育孩子健康成长（6岁~7岁）   //144

第六章 培养孩子的数学脑

——抓住孩子数学逻辑能力发展的7年黄金期

1. 婴儿也会"加减法"（出生~6个月）   //148

2. 会辨认物品大小了（7~12个月）   //152

3. 有趣的数字（1岁~1岁半）   //156

4. 将数字延伸到现实（1岁半~2岁）   //159

5. 逐层进化的归类游戏（2岁~2岁半）   //162

6. 难度逐级递增的游戏（2岁半~3岁）   //166

7. 在生活中轻松养成数学思维（3岁~4岁）   //170

8. 逆向思维的训练（4岁~5岁）   //174

9. 小物件发挥大作用（5岁~6岁）   //178

10. 数学综合能力的培养（6岁~7岁）   //181

第七章 善于社交的孩子有出息
——抓住孩子人际能力发展的7年黄金期

1. 人际关系，从婴儿开始培养（出生~1岁）　　//186

2. 有玩有闹，培养孩子的社交能力（1岁~1岁半）　　//190

3. 抓住交往能力发展最快的时期（1岁半~2岁）　　//193

4. 发展伙伴关系的阶段（2岁~3岁）　　//196

5. 人际关系进入一个新阶段（3岁~4岁）　　//200

6. 在玩耍中练就社交能力（4岁~5岁）　　//204

7. 继续提高孩子的交往意识（5岁~6岁）　　//208

8. 让孩子多些独立交往的机会（6岁~7岁）　　//211

第一章

话语中绽放的智慧

——抓住孩子语言能力发展的7年黄金期

语言作为人类生存和交流的必备工具，在孩子生活和学

习中的作用毋庸置疑。正如爱因斯坦所说："一个人的

智力发展和形成概念的方法，在很大程度上先取决于语

言。"那么，作为孩子第一任教师的父母，又该如何培

养孩子的语言能力呢？

1. 别忘了，和新生儿"聊聊天"（新生儿）

美国著名心理学教授鲍勃·麦克默里曾说过："很多时候，孩子学习说话的过程是父母注意不到的。然而，孩子恰恰是借助这些不被察觉的学习过程中的日积月累，才产生了令父母惊讶的必然结果。"

聪明妈妈私手记
by 慧慧妈妈

慧慧出生后的一个月，大部分时间都处在睡眠及半睡眠状态。我和他爸经常戏称自己的宝宝真是除了吃，就是睡啊。

然而，即便如此，我们也经常见缝插针地和孩子"聊聊天"。给慧慧喂奶的时候，看着她甜蜜安静的样子，我会说："宝宝，好乖，妈妈爱你。"给慧慧洗脸的时候，看着她不情愿的表情，我会说："宝宝洗澡喽，宝宝好干净、好漂亮哦。"

除此之外，我们也经常和慧慧进行表情和身体上的对话。慧慧开心的时候，我会对她微笑；慧慧情绪烦躁了，我又会轻轻地抚摸她的小手，吻一下她可爱的小脸蛋。

说给菜鸟妈妈听

很多父母认为，刚出生的婴儿根本不了解语言。因此，在他们看来，只要把孩子照顾好就可以了，和孩子说不说话也没有什么意义。其实，科学研究证明，婴儿的脑细胞是由生长环境中所见、所闻、所得的各种刺激来刻画重要印象的，婴儿脑细胞恰恰是因为获得了这些刺激才能够成长。虽然作为看护者从表面上根本看不出来，但是这种刺激会对婴儿的脑细胞产生惊人的影响。

而且对于新生儿来说，已经具备了与成人对话的能力，虽说他们还不能像成人一样用语言清楚地表达出自己的想法，但是，他们已经懂得用不同的表情和简单的发音来表达自己的情感了，这也就是为什

> **智慧小博士**
>
> 宝宝学习语言是一个日积月累的过程。从他们一出生起，爸爸妈妈就要有意识地和宝宝进行一些交流，讲一些很简单的东西。比如，"宝宝好，妈妈喂宝宝吃饭啦""妈妈给宝宝换尿布啦"等。

么我们经常会看到婴儿在高兴的时候发出咯咯的笑声，而在他们不高兴的时候，又会发出愤怒的哭声或喊声的原因所在。

这么看来，面对刚出生不久的新生儿，父母应该为其营造一种丰富而温馨的语言环境，并根据孩子的不同需要和他们"聊聊天"，这样才能培育出语言能力优秀的孩子。

亲子小游戏

为了培养新生宝宝的语言智能，不妨和他做做下面这个《逗发音》的小游戏。

开始游戏喽：家长要多对宝宝说话，引逗他们发音，在宝宝发出细小喉音时，模仿他的声音。

再叮咛几句：与宝宝的游戏不仅仅是这些程序，整个过程都是爱的传递，只有让他感觉到爱，才会有足够的安全感，所以大人的心情一定要愉快。

2. 咿咿呀呀，宝宝说话的前奏（6~9个月）

宝宝发出第一个词是其智力发育的一个重要时刻，那么，在此之前的咿呀学语，是不是就是宝宝学说话的前奏呢？

聪明妈妈私手记

by 豆豆妈妈 👣

豆豆6个月以后，在他清醒或精神饱满、心满意足的时候，总会滔滔不绝地重复发出各种声音，"ma—ma—ma""da—da—da""bi—bi—bi"等。如果我跟着说"ma—ma"，豆豆还会回应地说"ma—ma"。

我知道以豆豆这个年龄还不能明白"妈妈"是什么意思，咿咿呀呀只是在自我陶醉。当然，我和老公在高兴之余，也没有忘记给予回应，学着豆豆咿咿呀呀地"说话"。这个时候，豆豆更是表现得格外开心，热情高涨地继续尝试他的发声练习。

不仅如此，跟豆豆在一起的时候，我也是尽量放慢语速、提高声调和他沟通。比如，给豆豆洗澡时，我会一边给他洗一边说给他听："宝宝，洗澡啦！宝宝，洗澡啦！"给豆豆换新衣服时，也会说："妈妈给宝宝换新衣服啦"；给豆豆喂奶的时候，也会和他说"宝宝肚子饿了，宝宝要吃饭了"；给豆豆换尿布的时候，会说"宝宝尿湿了，妈妈给宝宝换尿布啦"，等等。

此外，豆豆睡醒后，我还会给他唱儿歌，有的时候还会给他念唐诗。一次，老公打趣地说我："儿子这么小，你就给他念，他能听得懂吗？"我振振有词地说："别看儿子小，念得多了，他肯定能听得懂。他这是在积累各种词汇呢。"

说给菜鸟妈妈听

宝宝从出生后一个半月起，就会经常发出一些奇怪的声音，这样的声音演变之后就是他们咿咿呀呀学语了。牙牙学语从宝宝出生后2~3个月开始，在6~9个月时达到鼎盛，说话的长度也在增加。可以说，宝宝出生6~9个月时，牙牙学语就是他们的头门功课。

> **智慧小博士**
>
> 一般来说，宝宝第一次咿呀学语和说第一个词之间的间隔大概是2~5个月，也就是说，一旦宝宝开始咿呀学语，那么离他开口说话的时间就不远了。

这种时候，父母要一边微笑一边重复孩子的声音，与此同时，也可以教给孩子"爸爸""妈妈"之类的词，让他们跟着重复。即使开始孩子不会重复，父母也要回以赞赏和鼓励，这样才会提升孩子对自己发出的声音的信心，让他们对此乐此不疲。

也许，有些父母会有这样的疑惑："宝宝能听得懂吗？如果宝宝不理我，我还要不要跟他说话呢？"其实，虽说宝宝尚且不会说话，但是他正在进行语言储备，而且这样的一唱一和总会在无形中对他们学语起到强化作用，使宝宝从没有意义的咿呀学语过渡到有意义的说话。当宝宝语言积累多了的时候，他们自然就会说了。

亲子小游戏

妈妈的声音对宝宝来说总是充满安全感，那就多和孩子做做下面这个《开心谈话》的小游戏吧。

开始游戏喽：当宝宝醒来的时候，家长与他面对面，用温暖关爱的目光看他，轻声呼唤他的名字，语速尽量放慢。

再叮咛几句：虽说宝宝听不懂妈妈的话，但是时间久了，妈妈的语调以及说话时间的长短总会无形地影响宝宝。

3. 重复和模仿，拉开语言能力发展的序幕（9~12个月）

在孩子学说话的阶段，一天到晚，就像一台录音机一样，你说什么，他就重复什么。你问话，他也不回答，只会重复，这又是怎么回事呢？

聪明妈妈私手记
by陶陶妈妈 👣

陶陶一岁多的时候，聪明乖巧，不过，他还有一个很有意思的"嗜好"，那就是总喜欢重复别人说的话。

记得有一次，我带陶陶去医院拿药，医生嘱咐我说："一天服三次，每次吃3片。"这时，坐在一旁的陶陶也跟着说："一天服三次，每次吃3片。"

之后，医生每说一句话，陶陶都会跟着学一句，搞得连医生都忍不住笑了，开玩笑地问他："小朋友，你为什么总学我说话呀？"陶陶没有回答，只是开心地又重复了这句话："小朋友，你为什么总学我说话呀？"

相信很多孩子都有过这种行为，也相信，很多父母往往会把它看做是孩子淘气的一种表现。其实，在我看来，孩子一遍又一遍地重复与模仿，恰恰是他们最重要的一种学习语言的方式。当我发现陶陶乐此不疲地陶醉于这种重复与模仿的活动中时，孩子与生俱来的那种好奇、爱探索、想象力丰富的特性，总会让我不由得想加倍呵护孩子的这颗童真的心。每当陶陶喊"妈妈"的时候，我都会回应一句，"哎"。于是，他继续喊"妈妈"，而我又回应他，"哎"。生活中，这种一叫一答的互动还有好多好多，即便哪天我的心情不够好或是家务活特别繁多的时候，我也从不会把孩子的这种重复行为看得单调而无聊，因为我知道，孩子之所以会不自觉地去重复或模仿他人的话，是因为他们对从成人口中说出的每一句话发生了兴趣，是因为他们发现一句话竟然能表达一个意思。而接下来在不断地重复和模仿的过程中，孩子的舌的发展也到了能模仿整句的程度，于是，他们就开始重复他人所说的每句话了。比如，当陶陶听到我跟邻居打招呼时，他也会很自然地模仿一下；当陶陶听见我和别人聊天时，他也会在一旁重复他认为好玩的句子。

除了这种有意识的一叫一答的游戏，我还会和陶陶做一些能够开发语言智能的小游戏。比如，早晨外出上班前，我会做出"再见"的动作给陶陶看，然后把着他的手让他模仿。事实也证明，给宝宝多多练习"听的同时看大人的动作"，可以很好地帮助他们理解语言。

尽管很多时候，我知道这个爱重复的"小天才"根本不晓得自己所说的这些话的真正含义，但是看着孩子颇有兴致的样子，我这个当妈妈的也会情不自禁地和孩子一起享受语言带给我们的喜悦与乐趣。

说给菜鸟妈妈听

每个孩子都有一个鹦鹉学舌的过程。一般来说，3~6个月的宝宝会模仿发出连续的音节，会以不同的声音表达自己不同的感受；6~8个月的宝宝能积极地表明自己的意思，他们所发出的声音也是对自己心情或需求的一种表达。不过，此时的宝宝还没有条件模仿父母说的话，但是可以听和看着父母说话。

> **智慧小博士**
> 父母和宝宝进行面对面的语言交流时，也要多抚摸、拥抱宝宝，这种亲密的身体接触会使父母和宝宝之间产生相互依恋的情感，从而给予宝宝足够的安全感。

这种时候，如果父母能注意用丰富的面部表情、富有变化的语调对着宝宝说话，让他们看清说话的口形，那么，就可以将孩子的视觉和听觉协调起来，加深他们对语音和语调的感受，这对他们日后的学习是很有好处的。所以，请父母记住，不管宝宝对你说的话有无反应，都要抓住一切机会和他们说话，创造一个良好的语言环境这比什么都重要。

等宝宝9个月大时，开始渐渐模仿别人的声音了，这才是学语言的开始。这种时候，家长就算再忙，也要抽出时间，带着充满爱意的关怀与宝宝讲讲话，而且还要让宝宝近距离地观察你的口形，以便模仿发音。比如，在和宝宝说话的时候，家长要让宝宝面对着你的脸，让他们通过视觉模仿你嘴唇的动作；另一方面，家长也要注意自己发出的语音，不能太高也不能太低，做到亲切温和就可以。这样，孩子通过家长的口形变化和发音示范，反复多次，就能慢慢模仿发音了。

渐渐地，宝宝9~12月时，开始模仿大人发音，学习大人的音调、语气；有些宝宝满1岁的时候，已经知道50个左右的词语，尤其擅用生活中常提到的词，如爸爸、妈妈等；宝宝在18~21个月，会进入语言爆炸期，在此阶段，他们一天中平均可以学会9个词，而且开始明白词在句中的顺序是如何影响句子意思的。从此以后，孩子所能领会的意思不再局限于你在说他们什么，而是你在说什么了。可以说，宝宝对语言的浓厚兴趣贯穿于从开始模仿到掌握，并直至熟练的整个过程。

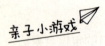

亲子小游戏

宝宝刚开始学说话的时候，总喜欢模仿发出各种各样的声音。下面这个《学小动物叫声》的小游戏可以培养他的语言智能。

开始游戏喽：家长准备几个动物毛绒玩具，让宝宝坐在你对面。家长手拿一个小动物毛绒玩具，躲在它后面模仿这种小动物的声音，并鼓励宝宝模仿你。

再叮咛几句：这个游戏可以增进宝宝聆听和模仿的技巧。

4. 一个字一个字地往外蹦（1岁左右）

宝宝刚开始学说话时，他们所说的话常常会让父母和周围的人捧腹大笑，而且宝宝所犯的"语言错误"甚至于还会常常胜过幽默大师。要知道，幼儿天生就是语言大师，他们会巧妙地把会说的字、词、句联在一起，表达他想要表达的意思。

聪明妈妈私手记
by凤凤妈妈 👣

我是一名从业多年的育婴师，有一对乖巧聪明的儿女，儿子龙龙大女儿凤凤一岁。凤凤不到1岁就会说话了，而龙龙直到2岁才开口说话。其实以我的亲身经验来看，这是很正常的现象，因为在语言发育方面，女孩总是要比男孩快。女孩的语言表达中枢要比男孩更早成熟，但是在语言理解中枢，以及对事物的认识和思考能力方面，男孩和女孩之间是没有显著差别的。所以，发觉龙龙到了2岁还不会说话时，我并没有表现出不安的情绪，我觉得只要孩子各方面发育都没有问题，能够听懂父母的话，就要坚信宝宝没有问题。反之，如果把这些担忧写在脸上，那样只会让孩子萌生不安的感觉。

回忆起女儿凤凤学说话的情景，可以说她是逐渐学会说话的，先是一个字一个字地往外蹦，然后会说两个字的单词，再之后是几个字词组成的句子。

当凤凤学会用一个字表达自己的要求时，我就会进一步训练她用两个字以上的词组表达要求。比如，当她说出"抱"字时，有可能是让你抱她，也有可能是她在抱布娃娃。这种时候，我就会根据当时情景，引导她把这样的单词说成2~3个字的句子，像"妈妈抱""抱娃娃"。再比如，当她说"走"字时，我就会依据她的形体语言去读她的心思，问她"是不是要下楼走走"，然后教她说"下楼走"。当然，如果我说对了，就一定要当即兑现，带她到楼下玩一会儿，让她体会到正确表述的重要性。

不过，在我身边，也有一些宝宝是跳跃性或爆发性说话的，起初一个字也不会说，可是，一旦他们开口了，就能说出整个句子，令父母兴奋不已。

就在女儿凤凤一个字一个字地往外蹦时，我发现她甚至能听出我的语气。比如说，如果凤凤正在那里"做坏事"，我只需用一种制止的声调叫一声她的名字，不用说出具体的事情来，凤凤就能从我的语气中听懂我的意思。当然，这个乖巧的小女儿除了听，还会察言观色。为此，我会对老公讲："孩子的耳朵简直就像一部优质的录音机，能够录下他能够听懂的所有话语啊。"

说给菜鸟妈妈听

父母与这个年龄的宝宝交流时，要尽可能地用最简单的语句和宝宝说话，做到简明扼要，准确清晰。其实，很多时候，宝宝听一千遍"妈妈"这个词，自然就会发出妈妈这个音了。但是，如果父母总是喋喋不休地和宝宝说话，也会阻碍宝宝语言的发展。比如说，如果晚上睡觉时，宝宝缠着妈妈不要睡觉，妈妈对宝宝说："你现在还不睡觉，明天就不能早起，我们就不能早早去动物园了。"对于这个年龄段的宝宝来说，这种话实在是冗长和复杂，因为宝宝对时间还没有建立起明确的概念，一来理解不了大人说的今天和明天，二来也理解不了其中的因果关系；倒不如简简单单地对孩子说："宝宝睡觉，醒来去动物园。"

智慧小博士

如果宝宝到了满13个月还不会说话，甚至一个字也不会说，爸爸妈妈不要着急，这并不意味着宝宝智力有问题。只要宝宝会正常发音，能听懂爸爸妈妈所说的大部分话，就是正常的。

当然，父母也要尽量和宝宝进行有意义的交流，除了纯语言外，还要借助身体语言、各种面部表情等语言外的方式与宝宝进行交流。

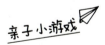 亲子小游戏

这个阶段宝宝的语言表达能力有所提高，在这个阶段，家长可以陪孩子做做下面这个《哎哟哟》的游戏。

开始游戏喽：家长和宝宝面对面坐，让宝宝伸出手臂；家长的手指轻轻爬上宝宝的胳膊，轻捏宝宝一下，并教宝宝发出"哎哟哟"的声音。

再叮咛几句：家长的手部动作也可改成玩具，这样简单形象，并能增强宝宝学说话的兴趣。

5. 越来越会说话了（1岁~1岁半）

1岁至1岁半的宝宝已处在从语言理解和模仿阶段转为语言表达阶段的过程，了解这一时期宝宝的语言特点，才会使亲子之间的交流变得更顺畅、更清楚。

聪明妈妈私手记

by毛毛妈妈 👣

女儿毛毛1岁3个月的一天，在家里玩着玩着，突然对我说："毛毛喝水。"我没有听清楚，后来，又隐隐约约地听她说"宝宝渴"。这个发现让我有点小惊喜："女儿会用自己的名字啦。"要知道，在这之前，毛毛只要口渴，只会说"妈妈喝水"或"妈妈渴"。

后来，我发现毛毛几乎说什么话都会带上自己的名字，看样子，女儿正在尝试用自己的名字来表达自己。其实，宝宝对名字的认识和宝宝的自我发展是紧密联系在一起的。而宝宝的这种自我意识出现的时间也是不尽相同，有的早在1岁多就出现了，有的则要等到3岁才出现。

在这之后，我又发现毛毛开始会用抽象的人称代词"我"和"我的"来表达自己了。不过，以她现在的年龄还没有形成对你、我、他的认识，还分不清"你"和"我"。当别人问她"你爸爸哪去了"的时候，她还不能把"你"替换成"我"，只是说"你爸爸上班去了"。为此，我也没有一意孤行地去纠正孩子，在这方面，我和家人也是达成一致意见，当宝宝不能区别你、我、他的关系时，就让她你、我不分地使用吧，这可是宝宝语言发展中一个自然的阶段。

毛毛1岁4个月时，发生过这样一件事。一天，她看到墙上有一只虫子在爬，由于掌握的字词有限，所以还不会用语言告诉我，就拉着我的手，指着墙大声地说："妈妈抢，妈妈抢。"毛毛从小是奶奶带大的，满口的山东口音，山东话里把墙念成"抢"。当我看到墙上的虫子时，才明白女儿的意思：原来虫子在墙上爬啊。只见毛毛一只手拉着我面朝墙（虫子爬的地方）。孩子是多么聪明啊，已经懂得通过非语言的手段——身体语言，来表达自己的想法和要求了。在她看来，一个词和一个声音、一个手势、一个姿势、一个表情是完全一样的。

不过，转念我又想了想，对于毛毛的这一行为，我不应该立即去满足她用身体语言来表达自己的需求。记得有一次，毛毛想出去玩，就用手去指大门，我没有当即就顺着她的意思，把她带出去。在我看来，这一时期孩子有需求，父母不要马上满足他，要"逼"他用词或短句来表达，哪怕是一个字也好。于是，我蹲下来，耐心亲切地对毛毛说："妈妈知道你想出去玩，你应该说'出去玩'。渐渐地，毛毛习惯了这种沟通方式。我发现她的词汇量丰富了，情绪也不容易那么激动了。

现如今，很多孩子都已经2岁多了还不愿说话，一个重要原因就在于他们本该在学词汇或是短句的时候，家长顾虑到孩子又哭又闹不好管教，就习惯性地满足了他们身体语言的要求。这么看来，如果父母不逼孩子说话，他就总不想说话，其实，哪怕是"逼"孩子说出一个字也是好的。

说给菜鸟妈妈听

宝宝在1岁~1岁半的时候，喜欢和周围的亲人说话，懂得用极少的字表达自己。但是，由于他们能听懂的词语远比他能说出的多，当他们想表达自己的要求，可是又不能说出自己想说的话时，总会表露出一

智慧小博士

宝宝在学习语言阶段，每天都会说出很多有趣的语言，令家人捧腹大笑，而且不少有趣又经典的语言，实在令成人都震惊叹服，建议父母把宝宝所说的这些精彩话记录下来，作为送给宝宝的又一份珍贵礼物。

种懊恼的情绪，这也就是为什么有些孩子在这种情况下会急得嗷嗷大叫。因此，父母要作出最大努力，了解这一时期宝宝的身体语言及其他语言形式的含义，帮助他们度过这一特殊时期。

比如，父母在继续用词语或短语与宝宝交流时，特别要注意将语言与行为结合起来。像带宝宝出去玩，就对他说："宝宝，我们出去玩。"爸爸回家了，就对他说："宝宝，爸爸下班了。"比如，生活中遇到什么事物，父母就要教孩子说出这个事物的名称，这是教孩子学习说话的基础，说出事物的名称越多效果越好。再比如，父母在生活中要经常对孩子说些简单明了的短句，像"宝宝笑""吃饼干""妈妈坐""出去玩""爸爸关门""宝宝乖""讲故事"，等等，孩子听多了自然就会模仿。下面这个情景练习，就可以很好地引导孩子表达出这些简单句。当父母和孩子一起做游戏，大家都开心地笑了时，爸爸可以问孩子："妈妈怎么了？"引导孩子说出"妈妈笑"的话来；又如爸爸做一个关门的动作，妈妈可以问孩子"爸爸干什么"，再引导孩子说出"爸爸关门"这样的简单句。

亲子小游戏

经过一年多的语言准备，宝宝开始说话了，这让全家人欢欣鼓舞。为了让宝宝的语言变得更加丰富多彩，可以陪孩子玩玩下面几个亲子游戏。

【游戏1：小兔在哪里】

开始游戏喽： 家长和宝宝一起看动物画，让他指一指什么动物在哪里，学一学小动物怎样叫。

再叮咛几句： 这个游戏既可让宝宝学会根据成人的语言提示指认事物，同时又能练习发音。

【游戏2：看看谁来啦】

开始游戏喽： 家长先准备两件小动物玩具，再手拿其中一个放在背后，并对宝宝说："看看谁来啦？"然后出示给宝宝看。

再叮咛几句： 通过游戏的方式可以教宝宝学说话，宝宝会觉得很有趣。

6. 提高宝宝说话的积极性（1岁半~2岁）

1岁半到2岁是孩子从"被动"转向"主动"的言语活跃期，他们用语言表达需求的愿望更为强烈了。为了使孩子能够比较准确地使用一些词，此时父母可以加强他们语言能力的训练。

聪明妈妈私手记
by恬恬妈妈

女儿恬恬在1岁半至2岁的那段时期，一天到晚，非常爱说话，整天唧唧喳喳地说个不停，表现得特别积极主动。随着恬恬的生长发育，我发现她掌握的词汇量也在不断增加，有时候，说一句话，会出现两三个或是三四个词。比如，想睡觉了，她就会说"恬恬要睡觉"；肚子饿了，她就说"恬恬要吃饭"，等等；有时候，还会说出一些简单的动作单词，像抓、走、跑、跳、拿、吃、买等。

其实，女儿之所以会有这些显著的变化，与我施行的语言智能开发计划大有关系（这么说，真有点扬扬得意了）。早在恬恬很小的时候，每天我都会在一个固定的时间（如睡前，上午或下午的空闲时间）给她讲一些优美动听、主题鲜明、短小精悍的故事或儿歌。孩子听得多了，自然也就掌握了大量单词。下面这个讲故事的语言游戏就是一个早教方案。

我给女儿讲的这则故事名叫《丁丁是个小画家》，画面上有一架飞机、两辆汽车、三艘轮船。与此同时，我还会准备写有"飞机""汽车""轮船"字样的卡片。下面讲一下故事的内容。

丁丁特别喜欢画画，每天他都会拿着彩笔不停地画呀画。于是，大家都叫他"小画家"。有一天，丁丁画了一架飞机在天上飞，两辆汽车在路上跑,三艘轮船在水上行驶。小朋友们看了,都说:"丁丁画得真好。"丁丁听了很开心,他也更喜欢画画了。

在讲故事的过程中,我会手指图画,让恬恬观察,并说一说图上都有些什么,它们都在什么地方,这样就可以让恬恬知道飞机是在天上飞的,汽车是在马路上跑的,轮船是在水上行驶的。讲到最后,我还会让恬恬数一数图上有几架飞机、几辆汽车、几艘轮船,这样可以帮助她学习正确使用量词"架""辆""艘"。后来,在这则故事的基础上,我还会和恬恬做这样一个游戏:我说前半句,她答后半句。例如,我说"飞机",她说"在天上飞"。汽车、轮船也是这种玩法。

在我的引导下,恬恬开始初步学会使用各种基本类型的句子了,包括简单句和复合句。随着词汇量的迅速增加,除了名词、动词之外,她也掌握了其他一些词类,像"红的""真好""干什么""是什么"等形容词和副词。

除了讲故事,我还会经常给恬恬念儿歌和顺口溜,两岁左右的宝宝由于发音器官尚未发育成熟,往往吐词不清,像恬恬就经常将"老师"说成"老西",这是很正常的。但是通过给她念儿歌和顺口溜,我发现女儿发音逐步标准了,儿歌既能让孩子进行语言训练,又能作为认物、识字的好教材。

🐤 说给菜鸟妈妈听

宝宝学说话是由听再到说的。在1岁半以前,他们能听懂父母说的话,但是自己会说的话却不多,说话的积极性也不高。这是因为此时孩子的发音器官尚未成熟,大脑还不能支配唇、舌、喉发出所需要的语音。所以,孩子只能领会,自己却说不出来。渐渐地,随着宝宝的生长发育,大约从1岁半开始,宝宝说话积极性高了,词汇量也迅速增长了,于是,进入了积极的语言能力发展阶段。

在这一阶段,父母可以在教孩子说简单句的基础上,再教他们学说一些含有主谓宾句

智慧小博士
父母在提高孩子说话积极性的同时,一定要注意自己的语言,尽量做到发音正确、口齿清楚、语句完整、语法合理,让孩子易懂、易模仿。

式的完整简单句，比如，"宝宝喝牛奶""小狗玩皮球"，等等。这种句式的学习可以在生活中随时随地地进行，越是生活情节丰富的语言，孩子越容易理解和模仿。而且父母也可以利用实物、图片或生活经验，向孩子说说各种物品的特性，比如，"大苹果，小苹果""红蝴蝶，黄蝴蝶""熊猫胖，小猴瘦""大象高，小狗矮"，等等，从而引导孩子学会形容词的使用。

同时，父母也可以教孩子回答"某某东西在哪里"的疑问句。比如，父母可以和孩子做这样的游戏：将他们喜欢的玩具，像小皮球、小汽车之类，藏在某一个地方，再好奇地问问孩子："宝宝，小皮球在哪里啊？"一边鼓励他去寻找，一边教他说出"在这里""不知道""没看见"或是"找不到"这样的话。当然，这种训练也可以随时在户外进行，父母抱着孩子边走边问："树在哪里啊？""滑滑梯在什么地方啊？"让孩子一一来回答。

为了更好地锻炼孩子的语言智能，还可以教他们理解选择句，回答选择句的提问。比如，父母事先备好一些物品，然后问孩子："你是要饼干，还是要糖果？""你是要香蕉，还是要苹果？""你是要布娃娃，还是要小汽车？"

另外，由于这时期孩子学说话的积极性很高，对周围事物的好奇心也很强，父母应因势利导，除了在日常生活中巩固已学会的词句以外，还可以让孩子多接触自然和社会环境，在认识事物的过程中启发孩子表达自己的情感，鼓励孩子多说话。比如说，带孩子从外面回到家，父母不妨让他们回忆在外面接触的人、看到的东西，并尽量帮他们用较完整的话叙述出来。这样，不但丰富了孩子的语言词汇，而且也巩固了记忆，增长了知识。

亲子小游戏

儿歌有浅显明快、通俗易懂、口语化的语言特点，非常便于宝宝倾听。在宝宝情绪高的时候，给他念念儿歌，更容易加深宝宝对语言的认识。下面这个《一二三》的游戏就有很棒的效果。

开始游戏喽：家长准备一些儿歌卡片，边和宝宝拍手边念儿歌："一二三，爬上山；四五六，拍皮球；七八九，翻跟斗；伸出两只手，十个手指头。"

再叮咛几句：通过学习这首儿歌，有助于培养宝宝的语言表达能力。

7. 创造条件，促进孩子语言能力的发展（2岁~3岁）

2~3岁是学习语言和发展语言的关键时期，也是孩子进入掌握最基本的口语的阶段，让孩子在日常生活中或活动游玩中学习语言，可以很好地促进其语言能力的发展。

聪明妈妈私手记
by嘉宝妈妈 👣

嘉宝两三岁的时候，已经掌握了最基本的词汇、词类和最基本的句型，所说的话也基本上符合语法，但是即便如此，我也没有忘记创造有利条件，并给予正确引导。

嘉宝2岁多的时候，我不再用简短的语句来教他说话，而是用完整标准的语句教他如何正确地说话。比如，小汽车是嘉宝的最爱，每当他看到汽车后，我不会像从前那样，只对孩子说"汽车"两个字，而是告诉他"这是一辆红色的汽车，那是一辆绿色的小轿车"等。再比如，我很喜欢向他描述自己正在做的每件事情，前提是只要他对此感兴趣。给嘉宝脱毛线衫，他的小脑袋总会卡壳，这时，我就会说："噢，宝贝，你衣服上的开口对你来说太小了。"如果嘉宝拿不动某件物品，而我却能拿得动，他来找我帮忙时，我就会向他解释："因为妈妈比你更强壮而这件物品又太重，所以我能拿得动。"与孩子进行这种沟通时，我觉得不要像你跟别人说话那么简练，越详细越好，而你做的每件事无疑都是促进孩子智能发展的好机会。

为了促进嘉宝的智能发展，我还特意为他找了一家口碑很不错的早教机构，我认为在这样一个幼儿多、老师少的集体环境中，当孩子有些个人的需要无法及时得到解决时，比如要大小便、要喝水、要架子上的玩具等，就会"逼"得他只好开口，请求别人的帮忙，这样就能在无形中锻炼孩子的语言能力。要知道，幼儿语言的环境与其语言能力的发展大有关系，而这一语言环境首先是指语言交往的环境。许多事实都证明，语言交往环境对幼儿语言能力的发展有重大影响。

嘉宝快3岁时，说起话来总是喋喋不休，为此，我会鼓励他参与一些谈话，我个人推荐的一个好办法就是问问他喜欢做什么、问问他在做什么，而且对于嘉宝的任何回答，我都会表现出一副认真、诚恳的态度，以便让他认识到是值得为这次谈话花费时间或精力的。同样，当嘉宝反过来想问我问题、求我帮忙或是仅仅请求我去看一看他感兴趣的某件事时，我都会对他所做的和所说的一切表现出十分投入的兴趣。通过这种方式，我发现嘉宝的思考能力、理解能力和学习能力得到了极大的增强。不过，在这一过程中，我也有遗憾和觉得愧疚的地方。有几次，我因为心不在焉，对他所做的事"嗯啊"地敷衍了事，后来，自我反省时，才发现自己偏了方向。那样的话，孩子不仅学不到什么东西，而且很快会以为你对他不感兴趣，这样，他以后就不会再求教于你了。

为了帮助嘉宝练习说话，我还会经常给他讲故事、朗读儿歌，通过看图说话的方式来丰富孩子的词汇。不过，我也发现嘉宝2岁半以后，语言能力发展迅速，接受能力也表现得很强了。于是，我在引导的时候，也不再只限于教他说物体的名称，而是教他了解物体的作用，将注意力集中在对物体外部特点的描述上，比如，大小、颜色、形状、轻重等，进一步扩展他对物体的理解。

🐤 说给菜鸟妈妈听

2~3岁的幼儿已掌握一些最基本的语言来进行交际，他们可以领悟到每样东西都有自己的专有名称，也喜欢追着大人问各种事物的名称；开始对故事有兴趣，喜欢一边看画书一边听大人讲，喜欢听他熟悉的事或自己的故事；基本掌握了语法，能较好地运用合乎语法规则的简单句子；会用语言表达眼前不存在的事情，如回到家会说"妈妈，爸爸还没有回来"；会用语言描述人和物的相互关系，如"这是我的皮球，这是你的小汽车""这是我的，不给你"，等等；会用语言评介人和事，如看到某个小朋友不听话、瞎闹，会说"不乖，不是好孩子"。

因此，在这一阶段对孩子语言训练的重点任务就是尽早诱导他们在活动中运用语言的

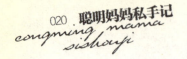

智慧小博士

对孩子来说，睡前讲故事是最温馨最幸福的时刻，孩子依偎在家人身边，听着有趣的故事，不但是一种美的享受，还可以让他们在不知不觉中接受语言的熏陶，此时家长可适当提问帮助孩子理解故事内容，让孩子通过说来表达对故事人物的看法等等，从而培养孩子的语言表达能力。

能力和句式扩展的能力。下面这些方法就值得借鉴：

1. 教孩子学习语言复述。生活中，有些跑腿的活儿也是锻炼孩子语言智能的机会。比如，妈妈打算带孩子去游乐园，但是，事先不通知爸爸，可以对孩子说："今天我们一起去游乐园。"再叫他传话给爸爸。这种游戏简单有趣，孩子也乐意参与。复述的语言可以从短到长，不一定要孩子复述完整，关键是要激发他说话的兴趣。

2. 教孩子学习场景提问。父母和孩子谈话时，可以故意留下一个词不说，让他们用他们知道的词去补充。一来孩子很喜欢这样的游戏，二来也有利于孩子语言表达能力的发展。比如，下面这些生活中常会看到的情景就是很好的机会。"噢，你说你想从什么上滑下来？"这时，孩子会兴奋地接口说："滑梯。""噢，你用什么做沙饼？"这时，孩子会喊道："水桶。"

3. 教孩子学习时间概念。教孩子学习时间概念，首先要从实际生活的经历中教他领悟。比如，逐步告诉孩子：天亮了，我们起床的时候叫"早上"；吃完早餐到吃中餐之间叫"上午"；吃完中餐到吃晚餐之间叫"下午"；吃完晚餐以后叫"晚上"。等孩子慢慢领悟了这些概念，再问他："吃完中餐你睡觉了，是上午还是下午？""现在是下午还是晚上？"

4. 继续教孩子背儿歌和小古诗。这个时期应该教孩子背诵完整的儿歌和古诗，最好是能与他看到的实景联系起来。比如，背了一首"秋天到，秋天到；红树叶，黄树叶，片片落下像蝴蝶"的儿歌，如果在户外看到秋天的落叶，

就要引导孩子边看边背这首儿歌，这样孩子背的儿歌或古诗就更有意境了。

5. 教孩子简单复述故事中的情节。这个年龄的孩子很喜欢听故事，父母可以引导他们简单复述故事中的部分或全部情节，只要能说出个大意，哪怕是几句都要及时给予鼓励和称赞。不过这种训练难度较大，可以在孩子3岁左右进行。同时，父母也可以就当时讲完的故事对孩子提问，如讲完《小猫钓鱼》的故事，可以这样提问："这个故事叫什么名字""小猫钓到了鱼没有""为什么没有钓到鱼"，等等。就故事内容提问，是训练孩子听说能力的一个有效方法。

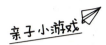

亲子小游戏

2岁宝宝的词汇量已经很丰富了，和宝宝一起玩玩这个《上幼儿园》的游戏，他的表现定会让你大吃一惊哦！

开始游戏喽：家长扮演幼儿园老师，宝宝背上小书包从门口进来。家长指导宝宝见到"老师"先鞠躬说"老师好"。接着，家长提出"小朋友，你叫什么名字啊""你爸爸叫什么名字""你妈妈叫什么名字"等问题。

再叮咛几句：如果宝宝回答不清哪个问题，家长要及时提醒。

8. 骂人和诅咒，抓住儿童"运用语言关键期"（3岁~4岁）

当孩子掌握语言后，父母会发现，孩子常常会冷不丁地说一些莫名其妙的话，而且一旦他们学会了一句这样的语言，就常常乐此不疲地使用。为什么会这样呢？

聪明妈妈私手记
by 媛媛妈妈

　　好友媛媛带孩子那会儿，就经常跟我发牢骚说，女儿都已经念幼儿园小班了，平时也挺乖巧听话，可是一旦犯浑起来，简直不可理喻，最让她发愁的就是喜欢骂人和咒人。

　　有一次，媛媛跟我说，最近，女儿学了句"王八蛋"，见谁都说，这让她又羞又恼，又打又骂了好几次也没用。我告诉媛媛，如果下次再出现类似情况，你就装出一副痛苦的样子，委屈地说："宝宝说脏话，妈妈听了耳朵好痛啊！"这一招还果真管用，后来，媛媛告诉我，当她照我的办法去做时，女儿当即跑过来帮她揉耳朵，嘴里还念道"不说，不说"。再后来，还有一次，媛媛女儿一不小心，刚说出一个字，马上就话题一转，还约束自己："不说，不说，说了妈妈耳朵会痛。"听了这样的话，就连媛媛这个做妈妈的都觉得又感动又好笑。

　　其实，媛媛在这种事情面前，表露出来的诧异和不可思议，我是完全可以理解和认同的。记得，有一天早上，我给3岁的女儿茜茜穿衣服，她忽然说了一句："臭妈妈，你弄痛我了！"我当时听了，先是愣了一下，但是马上又反应过来了，女儿这是进入了使用语言的敏感期。

对此，我没有生气，而是心平气和地对她说："穿好衣服了，快去洗漱吧。"茜茜脸上明显露出诧异的表情，看得出她依然不甘心，一边晃晃悠悠地走路，一边重复着刚才说过的那句话："臭妈妈、臭妈妈……"我假装忙家务就没去听她说什么。最后，茜茜终于沉不住气了，一边摇晃着我的胳膊，一边撅嘴对我说："妈妈，我在说'臭妈妈'！"

这时，我依然表现得很平静，回应了一句："嗯，妈妈听到了，现在是早饭时间，我们去吃早饭吧。"看我没有做出任何反应，女儿只好放弃了这个不好玩的游戏。这之后，又过了一段时间，茜茜开始在全家范围内运用这种语言，管爷爷叫"臭爷爷"，管奶奶叫"臭奶奶"，管爸爸叫"臭爸爸"，当然，也没有忘记"赏"我这样一个称谓。

为了帮助茜茜度过这个敏感期，我们全家达成一致意见，不管孩子运用多么"恶毒"的语言，我们都不作出任何反应。终于，一个半月后，茜茜觉得这个游戏没意思，便彻底放弃了。事实证明，我的这个不做任何反应的方法，很好地应对了孩子那些骂人或诅咒的语言。

说给菜鸟妈妈听

孩子到了3~5岁这个年龄段，绝大多数都会经历一个言语智能发展的关键阶段——运用语言关键期，在这一时期，会出现"诅咒"、"爱骂人"、用语言"激怒"他人这些敏感行为。而孩子之所以会对这些不雅的话语乐此不疲，一方面是因为这个年龄的孩子词汇丰富，可以用语言很好并正确地沟通和表达，尤其喜欢尝试新的话语，再加上自身吸收能力本来就特别强；另一方面是因为这些不雅的话语象征着孩子已具备某种主宰能力，也就是说，当幼儿智力与情绪逐渐发展时，虽说孩子尚且不能辨别某些话语并不是好话，但是已经能够明白使用它们能代表一种力量，可以引起别人注意或是攻击他人。

可是，一旦孩子发现家长对自己的这种游戏不做反应

智慧小博士
通过阅读经典童话、讲述经典故事也可以为孩子指引语言表达的方向。

时，就会很快觉得没意思，进而主动放弃这个游戏。所以说，父母碰到这种情况，不要流露出惊奇的神色，也不要给予严厉的训斥，这种做法都是无济于事的，反而会强化孩子的负向语言表达。那么，又该如何帮孩子顺利渡过这个"运用语言的关键期"呢？以下几点建议可以借鉴：

1. 保持沉默，不当回事。这个年龄的孩子处于学习语言阶段，处理语言的正负信息的能力还不够强，对语言概念的识别能力也较弱，不太明白什么是骂人话、脏话、文明话。所以，当孩子说骂人话时，父母应当做没听见。嘴巴上不回应，表情上无反应。

2. 给孩子以语言美的环境。如果父母说话粗俗、语言贫乏，必然会影响孩子，当孩子说脏话时再管教，恐怕早已为时已晚。所以，父母应提高自己的文化修养，使自己的言行成为孩子模仿的典范。父母语言表达通顺、词汇丰富、优美而确切，孩子自然会受到耳濡目染的影响。因此，要杜绝孩子讲脏话，应从给孩子一个美的语言环境开始。

3. 等待孩子，自我成长。孩子到了一定年龄，随着自我认知的提高、自我意识的觉醒，对是非对错自然会有一定的辨别能力。到那时，他自然会知道骂人的话是不文明的、不道德的，随着年龄的增长他自己便会改掉这个毛病。

亲子小游戏

语言是人与人交往的桥梁，常和3~4岁小儿玩《以字连词》的游戏，有助于培养他们的语言表达能力。

开始游戏喽：家长先提出一个字，然后让宝宝说出和这个字相连的词。比如，当家长说"花"字，鼓励孩子联想说出"花篮、鲜花、花布、花手绢、花蝴蝶、花盆、玫瑰花"等词。

再叮咛几句：这个游戏有助于启发宝宝的联想、练习使用名词。家长还可以提出其他的字，让宝宝来连词。

9. 爱说"悄悄话"，孩子懂得探索语言了（3岁~4岁）

当家有一个爱说"悄悄话"的宝宝时，作为家长，该怎么办呢？首先一定要认识到这是孩子在语言敏感期的一种表现，一定要耐住性子听孩子把话说完。

聪明妈妈私手记
by铛铛妈妈 👣

铛铛3岁多了，喜欢跑、喜欢闹，聪明伶俐、主意多，而且他还特别喜欢趴在别人耳边说悄悄话。

有一次，我和铛铛在小区散步，迎面走来一位漂亮的阿姨。这位阿姨见铛铛很可爱，笑着和他打了声招呼："好可爱的宝宝哦。"铛铛也朝阿姨笑了笑，便羞怯地钻进我的怀里。可是，那位阿姨刚走开，铛铛就趴在我的耳边，嘀嘀咕咕地说了些什么。

当时，我确实没有听到什么，就微笑着鼓励他说："铛铛，妈妈没有听见，你再说一次。"铛铛又重说了一遍，这时我才发现铛铛根本就没有出声，只是动了动嘴。

就在那时，我突然想起一本书上说的，孩子的这种表现意味着他们到了爱说"悄悄话"的敏感期，这是孩子在语言敏感期的一种表现。有时孩子的悄悄话仅仅只是嘴巴在动，并没有发出真正的声音，铛铛和我的这次对话就是这种情况。

于是，我又趴在铛铛耳边，小声地对他说："铛铛，你很喜欢刚才那位阿姨，对吗？"铛铛听了，开心地笑了笑，又钻进我的怀里。

后来又有一次，我正在电脑前整理资料，铛铛走过来，举起小手半捂着嘴靠近我的耳朵，说了些什么，说完之后，还煞有介事地问我："妈妈，你听到了吗？"

当时，尽管我正忙事情，但是我依然做出非常感兴趣的倾听姿势和表情，专注地听孩子把话说完。我知道，在这种时候，让孩子知道你在听他讲话，哪怕是微笑着点点头，这比任何事情都紧急。有时，遇到类似情况，我还会让铛铛把声音稍微放大一点，并鼓励他再说一次。我很清楚，处于这一语言敏感期的孩子，是如此地着迷来自语言本身的那种神秘感，而这也无疑会引起他们对说话的无限兴趣。而我们做家长的，对孩子的耳语做出相应的反应，势必会使孩子的兴趣和神秘感得到更好地满足。

说给菜鸟妈妈听

耳语是一种特有的交流方式，它声音低，不让他人听见。孩子之所以喜欢这种交流方式，是因为它有一种不让别人知道的神秘感。在幼儿园或是早教中心里，我们经常可以看到，老师用"耳语游戏"来发展孩子的听力、理解力和表达能力。在家里，很多家长也都有过这样的体验：当孩子不高兴或是闹脾气的时候，家长就用耳语的形式来转移孩子的注意，说些这样的话："宝宝，我告诉你，我有一个礼物要送给你，我们不告诉别人。""妈妈告诉你，我在房间里藏了一个好东西，你去找找看。"

> **智慧小博士**
> 父母和孩子说话时，一定要耐得住性子，静下心来倾听孩子的耳语，这样才不会使孩子失去诉说的兴趣，也不易引起孩子语言能力发展的障碍。

不过，由于孩子年纪小，再加上他从耳语中体验到的快乐更加强化了他不分场合、不分事情大小、不分对象地习惯于耳语，久而久之，害怕人多的场合，不敢大声地在人前说话。所以，建议家长帮助孩子分清耳语使用的场合。比如，家里来客人了，父母不妨轻声耳语地提醒宝宝怎样用正确的方式打招呼。但是，在其他场合，父母就要积极示范并鼓励孩子大声又清晰地表达自己的观点。

其次，"说"悄悄话也是增进家长和孩子感情的一种交流方式。当孩子很神秘地趴在你的耳边嘀咕着什么的时候，你又怎么可以错过这个绝佳的亲子交流的机会呢？比如，当孩子在公共场合闹情绪时，家长可以用"悄悄话"来转移他的注意力，你可以伸出食指，放在嘴边，发出"嘘"的声音，等孩子安静后，悄悄地趴在他的耳边说"宝宝，我告诉你一个秘密……"或是"我在房间里发现了一件好东西，宝宝快去找找"。再比如，当孩子睡醒时，家长也可以用亲切的语调和对他讲一些"悄悄话"，如"噢，宝宝睡醒了，宝宝睡得好香啊"，等等。

当孩子表现出爱说"悄悄话"的倾向时，父母也不可忽略这么一种情况，那就是孩子的防备心理。这种孩子一般在众人面前不敢说话，而是寻找可以信任的人说悄悄话。这种时候，家长一定要给予足够重视，找到孩子胆小的原因，然后试着给孩子营造一个安全的心理氛围，让自己成为他可以信任的人，而不是让耳语成为孩子的惯用表达方式。当然，在这一过程中，家长也不能强迫孩子，而要以引导为主，对于孩子的点滴进步都要及时给予肯定和鼓励。

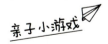

亲子小游戏

3~4岁是幼儿语言发展最关键的时期，下面这个《拍照片》的游戏就有助于提高孩子的语言表达能力。

开始游戏喽： 家长两手在体前交叉，两个小拇指相勾，拇指和食指相点，放在眼睛上，当照相机，假装给宝宝照相。家长边照边念："小宝宝，坐坐好，看看我，笑一笑，妈妈给你拍张照。"等宝宝熟练后，再让他给大人拍照，并把儿歌改成："好妈妈，坐坐好，看看我，笑一笑，宝宝给你拍张照。"

再叮咛几句： 这个游戏可以发展宝宝的语言能力和精细动作的能力。当宝宝给其他人拍照时，家长要让他根据拍照人来变换儿歌。

10. 孩子喜欢自言自语（4岁~5岁）

"自言自语"是孩子的语言特点之一，儿童的自言自语是由外部言语向内部言语转化中的一种过渡形态，是儿童思维的有声表现。正确理解孩子的游戏言语，能帮助家长更直接、更清晰地了解孩子的内心需求。

聪明妈妈私手记
by 丹丹妈妈

　　丹丹4岁多的时候，能够比较自如地与别人会话和对话，清楚地表达自己的要求、愿望和意见，也能把自己看过的、听过的事情、自己的体验和意图连贯地告诉别人。

　　但是，就在丹丹的语言能力进一步发展的时候，我发现了这样一个现象：她常常会"自言自语"。一些权威的育儿书上说，这是此阶段孩子的语言特点之一。

　　比如，丹丹会一面做游戏，一面嘴里嘀嘀咕咕。丹丹很喜欢玩娃娃家游戏，也常常扮演妈妈。在玩游戏的时候，她会一边玩一边对孩子说这说那："小鸭在水里游泳，小鱼游来了。"这种自言自语的伴奏直到游戏结束才停止。

　　如果说上面这种自言自语是游戏言语，是一种行动的伴奏的话，通过观察，我发现丹丹还有一种自言自语的形式，那就是问题语言。丹丹常常在遇到困难时表现出困惑、怀疑、惊奇等神情，而在她忽然找到解决困难的办法时，又会自言自语起来。比如，她在搭积木时，往往一边搭一边说："把这个放在哪里呢？""不对，应该这样这是什么？原来应该放在这里……"后来，我一查阅相关资料，才知道这是孩子面对困难时，在言语中的表现。

后来，每当丹丹自言自语时，我从未不以为然或是嫌孩子"吵"而加以大声斥责，而是尽量去琢磨她的话。当丹丹能独立战胜困难时，我就及时给予鼓励。正如书上所说，这样才能更好地促进孩子言语能力的发展，并为提高他们的思维能力创造更有利的条件。

其实，早在丹丹3岁左右的时候，她就特别喜欢跟自己讲话，一个人躺在床上或坐在桌子边，轻声地对自己说着什么，好像在给别人讲故事，又好像在和怀里抱着的毛绒玩具商量什么事情。当时的我看到这一幕还不禁有些担心孩子难道不会是有什么心理问题吧。

现在看来，孩子有这种自言自语现象，做父母的是根本不用着急的，因为宝宝的自言自语实际上是一种创造性的说话游戏，这类游戏是宝宝发展语言能力的主要途径。

说给菜鸟妈妈听

4~5岁的儿童常常会"自言自语"，这是此阶段孩子语言的特点之一。儿童的自言自语是由外部言语向内部言语转化中的一种过渡形态，是儿童思维的有声表现。从儿童的自言自语中，我们能够了解到孩子的思考内容及方向，能够体察到孩子的想象力，这为进一步引导孩子发展智力打下了良好的基础。所以，自言自语较多的孩子，恰恰说明他们肯动脑筋。

> **智慧小博士**
> 幼儿的游戏言语伴随着游戏进行，反映行为过程中的问题和行动结果，家长可以由此进一步理解孩子的外部行为。

一般情况下，孩子从1岁开始，就能真正发自内心地说话了。到3岁左右，随着自身外部语言表达能力的进一步发展，他们和周围人的语言交流已不成问题。这时，孩子的语言能力就会有一个巨大进步，那就是形成内部语言。简单地说，孩子会像成人那样，开始独立思考问题，而不是把思考问题的整个过程一五一十地都说出来。

当孩子到了4~5岁，常常表现出来的"自言自语"现象就是从外部语言向内部语言进行转化的一个过渡阶段，而且在这一阶段，孩子还会下意识地把自己心里所想的内容用外部语言的方式讲出来，进而在自言自语中理顺思路。

至于孩子在自言自语时，又会说怎样一些话呢？比如，当孩子玩游戏时，他所说的语言可能是父母平时说过的话，也可能是他听过的故事中的对话，还可能是语言经验的综合与创造。再比如，在孩子自言自语时，往往先会把自己想象成某种角色，然后按照这个角色的行为说话。当孩子玩玩具熊时，可能会把自己想象成小白兔，和玩具熊说个不停。

一般说来，孩子的这种自言自语现象在3~5岁比较常见；到了6~7岁，多数孩子就能像成人那样进行不出声的沉默思考了。观察发现，那些已经上了幼儿园，或是经常和小伙伴玩耍的宝宝，自言自语的现象会格外得多。如此看来，孩子的自言自语现象也是其社会经历积累的体现。国外学者还发现，那些聪明的孩子在独立解决问题时比其他孩子要更早出现自言自语现象。总而言之，对于孩子自言自语的现象，家长无须特别鼓励。要知道，这只是一个过程，过多的鼓励只会影响孩子自然进入内部语言的进程。

亲子小游戏

4岁是小儿言语发展的一个重要里程碑，下面这个《词语接龙》的游戏就能很好地培养宝宝的语言智能。

开始游戏喽：家长先说出一个词，再让宝宝用这个词后面的一个字作字首，说出一个新词或一句短句；接着，家长再用宝宝说出的这个词后面的一个字作字首，说出一个新词或一句短句。比如，家长说高大之后，宝宝说大小，之后是小花——花儿——儿童——童话等。

再叮咛几句：这个小游戏可以帮助宝宝记住语词，并提高组词和造句的能力。

11. 口语表达能力逐步增强（5岁~6岁）

5~6岁孩子的词汇更加丰富，可以与成人自由地进行言语交流，不仅初步掌握了语法结构，而且口语表达能力也在逐步增强。

聪明妈妈私手记
by赫赫妈妈

从赫赫5岁多起，我渐渐发现他感兴趣的不再只是自己的生活，而是慢慢关心起了别人、关心起了周围的世界。当然，这对我和赫赫爸爸来说，也是极富挑战性的。因为很多时候，赫赫提的问题越来越刁钻，我们也越来越猜不透他究竟在想些什么了。甚至于，当我回想起他两三岁时乖巧可爱的模样时，忍不住都会想难道有人把我的赫赫给偷换了。

不过，在我们的正确教育与引导下，我发现赫赫在语言方面不仅掌握了名词、动词、形容词、数量词，还开始掌握了一些常用副词和连词，而且还能听懂一些较为复杂的句子，理解一段话的意思。有时候，就连我和赫赫爸爸都会惊异于他的表达："妈妈，我一边看电视，一边吃饭，好吗？"，"爸爸，我不但喜欢足球，而且喜欢游泳。"看得出，此时的赫赫早已不再需要我们根据他的表情、动作来推测他的想法了。

当周围很多爸爸妈妈问我们是如何教育孩子的，我们总会笑笑说："见缝插针吧，在最好的时机做最正确的事情，有针对性地对孩子进行语言训练。"其实，每到悠闲的周末、晚饭后的空闲时间，我们总会抽出时间和孩子在一起做做游戏！

赫赫从小就对故事着迷，词汇量的大幅度增加、口语表达能力的逐步增强，无不得益于故事书的功劳。现如今，赫赫更喜欢那些以他为主角的小故事。为此，我们会经常给孩子编一些以他为主角的故事，比如，赫赫与一个青蛙出去郊游；赫赫坐在飞毯上，飞到了一个神秘的地方，等等。此外，赫赫曾经经历过的事情我也会经常讲给他听。虽说赫赫对这些以前发生过的事情可能根本没有记忆，但是在我讲故事的故事中，我看得出，他非常愿意听这些曾经发生在他身上的事情，比如，他在妈妈肚子里是如何踢脚的；他刚刚生下来那会儿，是如何大哭大闹的，等等。这个游戏不仅提高了孩子的语言表达能力，而且还丰富了孩子的想象力。要知道，在没有图画书作为辅助工具的前提下，孩子听故事时会比平时更加集中注意力。

随着赫赫思维发展水平的逐步提高，我们发现他在五六岁的时候，在看图书、听故事等方面的要求明显和以前不一样了。三四岁那会儿，赫赫非常喜欢简单、短小的故事，而现在则更喜欢连贯、有情节的故事。记得有一次，我给赫赫讲故事书，要求从图中景物分析是什么季节、什么天气的时候，我们还为此争辩起来。当我说是秋天，因为女孩穿着毛衣的时候，他执意坚持认为是夏天，因为图中男孩穿着短裤……

总而言之，在教育孩子的过程中，我很认同并时刻践行着这样一句话：孩子是父母的镜子，父母的言行、思想都会在孩子身上得以体现。为了使赫赫的语言文字智能得以良好地发展，只要一有时间，我们就会和孩子在一起阅读图书。在这个过程中，既有我们帮他念故事，又有他自己根据画面，发挥想象，创造性地讲述。

说给菜鸟妈妈听

5~6岁是一个很特别的年龄段，这个年龄的孩子，在语言发展上，已经基本能够正确发音，基本掌握了名词、动词、形容词、数词以及一些常用的副词和连词，而且语言的连贯性也在逐渐增强，可以与成人自由地进行言语交流，并且能初步掌握书面言语。这个年龄的孩子能够比较自由地表达自己的思想感情，乐于谈论每一件事，而且还会经常模仿大人的语气讲话，也乐于表演自己熟悉的故事，扮演角色游戏。

5岁以后，不少孩子已具有很强的逻辑思维，喜欢挑别人发音的错误，但是对自己没能准确发音的词语却故意回避。到了6岁左右，不少孩子不仅可以完整、连贯地说话，而且表现得大胆、生动、有感情，并且在讲话的时候还喜欢配合做肢体动作。

为了更好地促进5~6岁孩子言语表达能力的进一步提高，我们可以针对其语言特点采取以下方法：

1. 家长首先应努力营造一个肯定、支持、鼓励孩子用语言交往的氛围，使其在平等、和谐、被肯定的语言环境中，有时间和对象表述自己感兴趣的话题，从而获得语言文字智能的发展。

2. 从孩子5岁起，父母就可以把关注点放在孩子的发音训练上，着重培养孩子的言语表现力。比如，培养他们学会

> **智慧小博士**
>
> 孩子在交谈中表现出的结巴，很可能是由于他们不知该如何选择更好的词汇，偶尔的停顿可能正是他思考的过程。这时，家长切忌在一旁督促，以免给孩子造成紧张心理。另外，父母平时也要多引导孩子与成人、同伴自由交谈，大胆表达自己的情感、愿望、经验。

清楚地吐词、主动调节声音的强弱、学习运用富有表现力的抑扬顿挫，等等。这些要求显然比之前有较大的变化，为此，父母应及时调整自己的教育方法，使孩子初步学会根据所表达内容的需要而改变语调。

3. 父母可以用简单的语言教孩子新词。由于此年龄段孩子理解语言的能力不断增强，父母可结合他们已有的经验，用简单的语言解释新词所代表的概念。比如，用"这里真冷"解释"冷"这一类比较抽象的词，用"好看"解释"美丽"、"漂亮"，等等。简单地说，教孩子新词时，只有和具体的事物形象联系起来，才能理解新词的意义。

4. 教孩子在阅读中识字。亲子阅读时，父母可以一边手指读物一边教孩子认识一些简单的常用字。在阅读中识字，既能提高孩子的学习兴趣，使他能将图、文、字结合起来，又有助于孩子对汉字的理解。需要注意的是，家长不能仅仅只为了让孩子识字而识字。要知道，识字是为了使孩子获得一种阅读的工具，从而最终达到独立阅读的状态，这是一个循序渐进的过程。

此外，父母还可以和孩子说说绕口令，绕口令无论是从内容到形式都比较生动活泼，孩子自己喜欢说，也特别喜欢听大人说。当孩子说绕口令时，会努力把一些容易混淆的音说清楚，从而使发音得到练习。当然，父母在教孩子学说绕口令时，自己一定要先背熟，而且做到发音准确而没有错误。另外，还应按照循序渐进的原则教孩子学说绕口令，速度由慢到快。

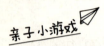
亲子小游戏

5~6岁孩子的词汇越来越丰富了，做做下面这个《做做猜猜讲讲》的游戏，更有助于培养他的语言表达能力。

开始游戏喽：家长先形象地做出某个动作或表情，然后要求孩子用适当的词表达出来，比如拿、托、抚摸、难过、眯眯笑、哈哈大笑等。等孩子熟练后，再让他表演，由家长猜词。

再叮咛几句：这个游戏能增强孩子的想象力，提高他的语言表达能力。

第二章

原来身体这么神奇

——抓住孩子身体运动能力发展的7年黄金期

俗语说"三翻、六坐、七八爬"，小宝宝的翻、滚、

坐、爬、走这些能力，是到了一定时间自然就会呢，还

是需要大人特意训练呢？为了更好地抓住孩子身体运动

能力发展的黄金期，还是尽量让孩子自己体验身体的神

奇之处吧。

1. "小不点"快快长（出生~3个月）

宝宝在头3个月里，运动发育主要在头颈部，这种时候，家长应注意创造训练宝宝颈背部肌力的锻炼机会。

聪明妈妈私手记

by 希希妈妈 👣

前不久，看电视时，主持人讲到这样一个案例引起了我的注意。大致意思是，1岁以内的宝宝贝贝，她的爸爸妈妈对她呵护备至，生怕她有什么闪失，结果就很少给她做身体运动。在场的育儿专家认为，这其实对贝贝的智力发育是极不利的。

在育儿专家看来，如果贝贝进行正常的身体活动，各种动作可以直接受神经系统的支配和调节，肌肉中的神经也会将各种刺激传到大脑，这样就能使孩子的大脑反应变得更加灵敏。同时，这种身体活动还能增加脑的血流量，从而供给脑细胞更多的空气和养料，促进大脑的发育。

节目看到这里，我再也坐不住了，想想看，自己的女儿希希眼看就要满月了，而我这个糊涂妈妈还一直认为她只是个只知道吃、喝、拉、撒、睡的"小不点"。原来，孩子一直在学习着呢。于是，我听了育儿专家的建议，还找来很多权威的育儿书，开始实施耐心、科学的宝宝运动能力的培养计划，还真别说，效果蛮显著的。

在希希情绪很好的时候，我和希希爸爸会在她面前摆出各种各样的表情，张口、吐舌或是微笑。渐渐地，我们发现希希逐渐会模仿我们的面部动作或表情了。

希希趴着时，我会拿一个彩色并能发声的玩具在她头前部的距离摇啊摇。这时，满心好奇的希希就会用她的前臂和肘尝试支撑头部和上半身。刚开始并不是那么顺利，但是渐渐地，希希可以将胸部抬起了，小脸也能正视前方了。不过，这种训练一直是间断进行的，开始一次只练半分钟，逐渐延长后，每天会练一次。当然，这也要看"小不点"的情绪而定。

小希希趴累了就躺着，看她心情愉悦、吃饱喝足了，我就会用我的手分别握住她的两个脚腕，使她的两条小腿伸直，然后再将希希的两腿同时弯曲，练习次数多了，我发现希希的膝关节会靠近腹部了。

大概是我训练有素吧，希希接近3个月时，就开始尝试侧身翻了。翻身可是宝宝的第一个移动手段，标志着他运动技能的进一步发展，这是一个非常有意义的转变。翻身动作可以使宝宝随意变化自己的体位，这就大大扩大了他的视野和接触范围，促进其智力及其他各方面能力的发展。因此，当我发觉希希已经不愿在床上安静地躺着，而是开始尝试翻身时，我就有意识地对她进行翻身动作的训练。

我会选一个希希情绪状态极好的日子，把她仰卧地放在床上，然后将她的左腿放在右腿上，托住她的腰部，逐渐将她推成俯卧姿势。然后，在希希的一侧，用一个色彩鲜艳的小玩具来"诱惑"她，吸引她俯卧片刻，再将其翻回来；之后，再将玩具放在希希身体的另一侧，用同样的方式帮助她翻过身。

尽管希希的动作是那么的简单，但是在我们眼里，却像是一个惊天动地的大动作。惊叹高兴之余，当然也少不了奖励。与此同时，我也在提醒自己："女儿已经学会翻身，安全问题更需注意哦。"

说给菜鸟妈妈听

宝宝运动发展是头尾方向开始，即抬头、翻身、坐、站立和走。宝宝在1~3个月，运动发育主要集中在头颈部，为此，家长应注意训练宝宝颈背部肌力，总让宝宝平躺或平抱是不利于运动发育的。比如，在宝宝睡醒觉、吃完奶1小时左右，使其从仰卧位翻成俯卧位，在宝宝俯卧位时，用声音和玩具逗引宝宝抬头。这个练习每天可以反复进行多次。比如，宝宝仰卧时，大人可以拉住他的双手，边做边说"坐起来"，坐起后再让宝宝的头竖一会儿，然后慢慢恢复到仰卧位，这个动作可以练习宝宝的颈部伸曲肌的力量。经过这些练习宝宝的竖头能力会进步很大。

"心灵手巧"是我们常说的一个词，而手的动作发展是由不随意到随意的。2~3个月的婴儿不知道手是自己的，但是，一个偶然的机会会让他们注意自己的手，心想，"这是什么东西？"而且宝宝还经常将手放进口内，吃得香甜满足，这些都是婴儿的探索行为，大人不要阻止。

> **智慧小博士**
>
> 人脑中有一个感受平衡的前庭系统，宝宝从出生起便喜欢轻轻摇，上下颠、摆动和翻转这些动作，而这些动作又可以刺激前庭系统，促进婴儿运动、情绪和认知能力的发展，当然，对睡眠也很有好处。

这种时候，家长要注意练习宝宝的抓握动作。比如，当婴儿的手碰到物体张开时，可以让他摸一摸不同质地的物品，并学习握一会儿。另外，家长还要借助手眼协调能力的发展，促进手部运动。比如，家长多给宝宝提供机会，使其自己主动接触玩具，而不是被动地将玩具塞到宝宝手中，这样有利于其手眼协调能力的发展。

此外，家长也可以将玩具系在宝宝的手腕上和小腿下部，当宝宝活动时，就可以看到颜色鲜艳的玩具，还可以听到好听的声音。为了看到悬挂的玩具，宝宝就逐渐学会主动地挥动小手，蹬踢小脚，这是操作性思维活动的最初表现。

需要注意的是，有些宝宝在3个月左右，会出现翻身动作，为此，家长要留意宝宝的翻身信号，适时地帮宝宝一把，让他更容易地掌握翻身的要领。

宝宝仰卧时，如果脚向上扬，或是总抬起脚摇晃，这说明宝宝已经有了翻身的意愿。大人不妨轻轻地推一下宝宝的屁股，这样宝宝就能翻过去。之后，要帮他把压住的手抽出来。

宝宝俯卧时，能自觉自如地抬起头，并将胸部抬起，离开水平面。这也是宝宝即将要翻身的重要信号，因为这意味着宝宝的颈部和背部肌肉已经具有了翻身的力量。

宝宝总喜欢向一个自己感兴趣的方向侧躺，也是一个明显的信号。虽然宝宝已经有了翻身的意识，可是他还没有掌握翻身动作的要领，要翻过去，还是需要大人的帮助。

总之，帮助或训练宝宝一定要选准时机，切不可揠苗助长，而且也要细心地看护，以免发生意外。

亲子小游戏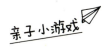

经过这么一段时间的反复练习，相信爸爸妈妈和宝宝都已喜欢上了每日必修的功课。那么，这个月龄的宝宝又该玩些什么游戏来促进身体运动能力的发展呢？

【游戏1：打水操】

开始游戏喽：先让宝宝平躺，大人握住他的双腿脚踝；再将宝宝的左脚上下摇一次，右脚上下摇一次，做双脚打水的动作；也可在宝宝的脚腕处施力，先弯曲、伸直宝宝的左脚，再弯曲、伸直宝宝的右脚。

再叮咛几句：这个游戏可以锻炼宝宝的关节、肌肉，增大肺活量，促进血液循环。

【游戏2：打鼓操】

开始游戏喽：让宝宝平躺，大人握住他的双手向左右两边撑开伸平；将宝宝左手向胸部合拢，在胸口轻敲一下后再伸平；以同样的动作，右手也做一次。

再叮咛几句：对宝宝进行运动训练时，不宜在空腹及刚进食后，最好是在喂食前1小时或进食后1~2小时进行。

2. 第一个动作的飞跃——坐起（4~6个月）

生活中，总有一些偶然的瞬间会让你在不经意间感到孩子是如此的可爱，也是如此有灵性。把握住这些瞬间，机智灵活的启迪智慧的火花，相信你还会有更多、更有趣的新发现。

聪明妈妈私手记
by 朵朵妈妈

还记得朵朵四五个月的时候，有一天，我和朵朵爸突然被女儿的一个动作给惊住了。当时，朵朵爸刚好从外面回来，满心欢喜地带着女儿喜欢的小兔子朝卧室走去。朵朵爸知道朵朵这个时候还没有睡觉，于是就边走边叫："朵朵，爸爸给你带小兔子了，你看，多可爱的小兔子啊。"只见，朵朵爸手里拎着一个小铁笼子，里面分明是一只活泼可爱、毛茸茸的小白兔。

这时，我和朵朵正在卧室做游戏。听到爸爸的声音，朵朵双手托在床上竟然支起了自己的上身，紧接着，她又微微抬起头看着前面，看到爸爸手里晃来晃去的小兔子，朵朵那叫一个高兴啊，嘴里也不停地"啊、啊、啊"地叫着。

这一幕，别说是朵朵爸惊讶，就连我这个做妈妈的也禁不住目瞪口呆起来。为了得到自己的最爱，我们的小家伙居然伸出一只手做出要去抓的动作。时至今日，当我们俩回忆起朵朵当初这一个飞跃性的动作，依然历历在目，仿佛昨天刚刚发生的一样。

后来，朵朵的那一幕惊人之举让我想起一位育儿专家说过的一段话："4~6个月的宝宝，他们的手已经不再是单纯的玩具。手的工具性逐渐增强并占主导地位，而他们腿脚的力量也变得更强大了。"

其实，朵朵早在4个月时，那种手指触及物体时能紧握着不放的"握持反射"已经逐渐消失，她的两只小手可以自由地张开再合拢，有时还会灵活地把自己的小手拿到眼前来玩，把自己喜欢的玩具抓到手里来玩耍。

这些生活中的小点滴、小进步让我越发相信生命本身所蕴藏的巨大能量，而懵懵懂懂的孩子天生就有着这方面的潜质。惊叹与欣喜之余，我们俩越发重视对朵朵身体运动智能的培养。

在接下来的日子里，朵朵迎来了第一个动作的飞跃——坐起。那时的她随着颈背部肌力的增强，每当我们试图拉她坐起时，都会表现出一副高兴不已又积极配合的表情。而且每次这么玩耍时，朵朵还会情不自禁地抬起小脑袋，似乎在骄傲地对我们讲："爸爸妈妈，你们快来看啊，我在做运动咧。"

到5~6个月时，朵朵伸手的动作就更多了，只要是在她视线范围内的东西，"小家伙"通通都想收入囊中，早已不再是玩玩小玩具这些小儿科的事情了，就是在这种一次次的抓、一次次的感觉中，朵朵渐渐长大着、长大着……到了6个月左右，朵朵竟然可以独坐片刻了。那段时间，家里的照相机、摄像机还真是帮了大忙，记录了很多珍贵又有意义的精彩瞬间。

说给菜鸟妈妈听

宝宝4个月以后，随着视觉和运动能力的不断发展，不仅能用眼睛观察周围事物，而且在眼睛的支配下，还能准确地抓住一些物件。此时的宝宝一看到新奇事物，马上就会伸手

> **智慧小博士**
> 宝宝通过玩弄物品可以从中感觉到物体的大小、形状、颜色、质地等特点，这将有助于加深他们对物体特征的认识，也能提高宝宝的观察能力。

去抓，一面拿在手里把玩，一面又目不转睛地瞧了又瞧。看样子，他像是在研究什么，有时甚至还会把东西抓到另一只手上。可以说，此时宝宝的手眼反应已经相当协调一致了，这是一个标志性的进步。

为此，家长在关注并训练宝宝运动能力的同时，也要注意引导宝宝手眼

协调能力的发展。比如，家长可以在宝宝的视力范围内，先吸引他注意一件有趣的玩具，再吸引他用手去摸，然后试探性地问宝宝："玩具在哪儿？"多次训练后，宝宝就会用眼睛来巡视定位，然后自然把玩具抓到手里。也许，有些宝宝在懂得伸手去握取物体后，往往喜欢把这些东西放进口里啃一啃或是用舌头舔一舔，这种时候，家长也不必过分紧张地将玩具从宝宝口中取走。只要事前把玩具清洗干净，随他们拿进口内探索一下，对培养宝宝感知能力的发展也是很有利的。

为了更好地促进宝宝手的动作的锻炼，家长可以把玩具放在不同距离，当然是让宝宝经过努力可以够得着的地方，从而鼓励宝宝尝试凭借自己的努力去够取玩具，不过，千万不要被动地将玩具放在宝宝手中错过这一锻炼宝宝自我生活能力的机会。

随着宝宝身体运动智能的发展，会出现一个飞跃性的动作——坐起。一般来说，宝宝5个多月就可以练习坐了，刚开始的时候是向前倾着坐，慢慢地，才能把腰直起来像大人一样坐着。训练宝宝坐稳主要是训练其腰、背部肌肉和脊柱肌肉的力量，诱导宝宝活动范围变得更大，使其探索的世界变得更宽广。这种坐的训练，3~5分钟就可以，以免宝宝的脊柱受到过大压力。刚开始让宝宝练习坐的时候，家长先让他仰卧，然后拉着宝宝的手让他坐起来，接着再把他轻轻地放回来；家长也可以试着让宝宝靠在沙发或椅子上面练习坐。每次练习完，家长要让宝宝躺下来休息一会儿，用手轻轻地抚摸他的背部，放松他的背部肌肉，让他感觉到亲人的关爱。

此外，4~6个月的宝宝随着肌肉功能的不断增强，宝宝的腿部已经很有力了，大人将其竖直抱起，并把他的脚放在大人的腿上或床上。他会站得很直，高兴的时候，还会做出有力的跳跃动作。

亲子小游戏

如何让4~6个月的宝宝运动起来，并为其身体各项发育做好准备呢？下面就为大家总结一些方法吧。

【游戏1：俯卧抬头】

开始游戏喽：让宝宝俯卧，家长将宝宝的两臂曲肘在胸前支撑身体，家长在宝宝面前用能发声的玩具吸引他的注意，并不断和宝宝说话，鼓励宝宝抬头寻找物体。

再叮咛几句：这个训练方法可以增加宝宝颈部力量及上肢力量，为坐做好准备。

【游戏2：跳！跳！跳！】

开始游戏喽：家长扶住宝宝的腋下，一边念儿歌"骑大马，骑大马，上高山，跨大河，咔噔咔噔，跨过河"，一边让宝宝在大人的腿上做一上一下的跳跃动作。

再叮咛几句：训练时，如果宝宝双腿弯曲不能负重，就不应蹦跳，每次持续时间也不宜过长。这个动作可以训练宝宝的蹬跳动作，锻炼腿部肌肉，同时还可以促进宝宝的大脑发育。

3. 越爬越聪明（7~8个月）

对宝宝来说，爬行可是一种极好的全身运动，不仅能训练他的手眼身体腿等部位的协调能力，而且还能让其较早地面对世界，主动接触和认识事物，促进认知能力的发育。

聪明妈妈私手记
by宁宁妈妈 👣

在我所住的小区，总会看到这样一些宝宝：已经二三岁了，走路不稳，时常磕磕碰碰，动不动就会摔倒。这样的宝宝十有八九是由于大人的过度保护，没有经历过学爬的阶段就会站立、会走了。

在这些宝宝身上，我们无一例外地会发现他们掌握平衡、动作的协调性都很差，再加上腰腿部肌肉力量弱，因此常会摔跤，而且摔倒的姿势也比较笨拙。当然，也有一些宝宝的家长是担心孩子会爬了不容易看管，于是，便早早地把孩子放进学步车里。可是，令他们没有想到的是，这种所谓的安全却最终剥夺了孩子爬的权利。

有了这样的前车之鉴，对儿子宁宁身体运动智能的开发与训练就显得顺畅多了。宁宁在经历了抬头、翻身、坐之后，就顺利进入了爬行的阶段，那时的他大概七八个月左右。

宁宁刚刚7个月的时候，肚子还不能离开床，只是在做匍匐前行的动作。很显然，此时他的四肢还不够协调，不过，"小家伙"一直在努力着，从未放弃过，这股子拼劲儿还真像他妈妈啊。尽管此时宁宁还不能很好地爬，但是我发现宁宁吃得多了、睡得香了，身体也长得快而结实了。看来，爬行在锻炼宝宝身体肌力，为站立和行走做好准备的同时，还能让宝宝健康快乐地成长啊。这不免让我想起一位育儿专家曾说过的一句话："爬行对婴儿来说可谓是一项剧烈的运动，能量消耗大，这种活动与坐着相比，能量消耗要多1倍，比躺着要多2倍呢。"

渐渐地，我发现宁宁爬得越来越欢了。当他爬行时，总是摆出一副昂首挺胸的姿态，上下肢结结实实地支撑着身体，动作的协调性也保持得非常好。

宁宁突飞猛进的变化惊动了隔壁小小的妈妈。小小是个胖乎乎的小男孩，快9个月大了，还不太会爬。好心的妈妈们就提醒小小妈妈，要尽快给小小补上这一课，因为会不会爬、有没有学爬的经历对宝宝日后动作的发展影响很大。当小小妈妈看着我家宁宁在小区干净的草地上爬得很欢时，她美慕地问我到底有何"秘密武器"。

我告诉小小妈妈，我们做家长的，平时在家里，就要有意识地对孩子进行爬行训练：可以先让宝宝趴着，这样他的头自然就会仰起，接下来，你再用手把宝宝的身体撑起来。切记，这个时候，家中另外一个成员一定要在宝宝前面合适的位置处，摆放一个他喜欢的玩具，并不停地用温柔的语气和和蔼的眼神去逗引他去抓这个玩具。

刚开始，宝宝可能会表现得很着急，心想："我的身体怎么动不了呀，我的身体怎么一点也不听我的使唤呢？"这时，家长可以轻轻地交替弯曲宝宝的腿，放在肚子下面，然后再用手掌抵住宝宝的脚掌，帮助宝宝体会往前爬的动作。

当宝宝出现倒着爬、转圈爬的时候，家长就要知道，我们的宝宝要开始爬行了。为了锻炼宝宝爬行，家长还应尽可能地为孩子创造爬行条件，鼓励孩子多爬，什么平地爬、倒爬、顺爬通通都可以尝试。

另外，在这些工作之前，有很多准备工作是需要做的。比如，多给宝宝做一些被动操，增强宝宝的手臂力量和腿部力量，而且这些运动还可锻炼宝宝的身体协调性。家长事先做好功课了，宝宝自然会自由自在地爬啊爬！

🐤说给菜鸟妈妈听

在这个月龄，宝宝能够用拇指和四指对捏玩具，但是多数时候，宝宝还是不由自主地把抓住的东西掉下来，但手的能力无疑更加细致了。宝宝会把两只手向一块凑拢，在大人的帮助下能做出鼓掌的动作，有的还会做出飞吻

和拜拜的动作，不过也只会偶尔为之，需要加强训练。另外，在这个月龄，宝宝坐得很稳了，而且上半身已经可以很灵活地转动，视野也开阔了。

这个阶段的宝宝已经在尝试爬的动作，尽管很多宝宝的四肢明显不够协调，不过宝宝一直在进步着。事实上，爬的经历对宝宝日后发展影响很大。

爬可以锻炼宝宝全身肌肉，为以后行走做好准备，这是因为宝宝爬行时，必须将头、颈抬起来，胸腹离地，用四肢支撑身体重量，这就锻炼了宝宝的手、脚、胸、腹、背、手臂和腿的肌肉，并逐步发达起来，为以后站立和行走打下基础。宝宝学会爬行后，扩大了视野和接触范围，视觉、听觉和触觉等感官会刺激大脑，促进各方面的协调，这对大脑发育和智力开发是非常有益的。而且爬行过程中，由于姿势的经常变换，还能促进宝宝小脑平衡功能的发展。另外，通过爬行还能提高宝宝的新陈代谢水平，有助于身体的生长发育。此外，在爬行期没有大量爬行的宝宝，将会延伸到幼儿、学龄前及学龄期，这就极易造成学习注意力不集中、多动等问题。

总之，爬是宝宝在坐与走两大动作发育进程中一个不可缺少的中间环节，所以，父母千万不要以为爬行是孩子自然而然的事情，就不注意创造条件让孩子早点学爬或让孩子多爬，或是有意无意地绕过这一环节，迫不及待地催促孩子直接由坐进入行走。实际上，这些做法都是大错特错的，无疑会使孩子的智力发育蒙受极大损失。

一般来说，宝宝对爬有兴趣的时间比较短暂，大多在8个月大时。如果家长不在宝宝尝试爬的时期抓紧训练的话，以后再刻意去训练就相对困难了。下面这些给年轻父母的建议就尤为重要：在最初学爬的阶段，家长先帮宝宝摆好姿势，让其通过爬的动作来抓到喜欢的物品；给宝宝准备一个爬的安全环境，不妨在家里腾出一块地方，铺上地毯或塑料拼板，刻意让宝宝在上面爬行；宝宝有时爬两下就会转移注意力，家长事先应将能引起他们注意的物品放在正前

方；当宝宝学会爬行后，要在床边摆放一些枕头、被子等障碍物，或是有大人看管，以免宝宝发生危险。

亲子小游戏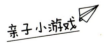

爬行是比较难学的动作，家长必须耐心地训练宝宝方能突破这一关。借助一些小游戏，可以让宝宝能逐渐独立爬行。下面这个《爬去取球》即是其中之一。

开始游戏喽：让宝宝俯卧在床上，在他前面放一个小球引诱宝宝向前爬行。当宝宝跃跃欲试移动身体时，家长鼓励他说："小球在前面，爬过去拿小球。"同时，家长用两手掌抵住宝宝的左右脚掌，用力向前交替推动，使婴儿的脚借着推力蹬着向前移动身体，爬去取球。

再叮咛几句：这个游戏可以发展宝宝的眼、手、脚协调动作的能力，促进全身肌肉活动，当然，也是锻炼宝宝意志的好机会。

4. 家有"十项全能"的宝宝（9~12个月）

> 当家有"十项全能"的宝宝，做父母的一方面要给予孩子足够的关爱，另一方面更要让宝宝顺其自然地发展。懂得宝宝的成长规律，你的细心呵护才会结出硕果。

聪明妈妈私手记
by 哲哲妈妈 👣

哲哲9个月大的时候，已经能听懂大人的一些话了，也认识了一些物品的名称，会站起来，会坐下，会爬，会翻身，还会蹲下呢。这个"小家伙"简直就是"十项全能"啊。

眼看着"小家伙"的"技艺"一天天地渐长，可是一刻也不得闲。那段时间，他看到什么就想伸手去拿，上一秒钟，还用手指捏起一件小东西神秘兮兮地翻来覆去地研究，一眨眼工夫，就会做出要把这个东西放到嘴里的动作，好在身旁一直有大人看护，才幸亏没有发生意外。

当然，在此时期，我也做了件值得炫耀的事，那就是训练哲哲使用自己的小勺吃饭。在我身旁肯定有不少父母也有过类似经历，但是最终还是因宝宝自己拿勺吃饭，把饭菜撒得哪儿都是，弄脏衣服，弄脏桌椅和地面，浪费饭菜而放弃了。但是我始终认为，如果父母因此而拒绝训练宝宝，就会扼杀宝宝自己动手的积极性，不但会降低他们的食欲，而且还会阻碍宝宝运动能力的发展。事实上，很多从这个月开始训练的宝宝，到他们1岁以后就能自己拿勺吃饭了。到那时，恐怕做父母的更要捏一把汗了。

那时的哲哲还喜欢推着摆放在屋里一角的吸尘器向前迈步，但是他还是不敢离开物体向前走。这时，我就会蹲在哲哲前面，把手伸向他，做出要抱的动作，笑着对他说："哲哲来，让妈妈抱抱。"这时，哲哲就会试着让身体离开倚靠的物体，两只小手伸向我，恨不得一个箭步就冲上来。不过，也有一些时候，尽管哲哲的身体已经向前倾斜了，但是还不能向前迈出。这时我就赶紧向前抱住他，并鼓励他说："哲哲真勇敢！哲哲真勇敢！"

不知不觉，我家哲哲10个月了，能扶着床栏杆自由走动，两只小手一抓到我在围床上事先装好的转动玩具，就乐得咯咯笑，那种成就感令我们大人都为之动容。那时，我还会递给他一些色彩鲜艳的蜡笔，任其涂画出装在自己小脑袋瓜里的那个多姿多彩的世界。

我还发现哲哲总是一刻不停地"攀上爬下"，书上说，这个月龄的宝宝具有熟练的爬行技能和极强的攀高欲望，这是他们自我探索、自寻其乐、活动全身，增进才干的极好机会。"这么好的机会，我当然不可以错过了。"于是，在哲哲"攀上爬下"的时候，我就会预先设置一些障碍，故意为难难他。比如，哲哲爸会故意让宝宝从他的肚皮上爬过去，"小家伙"可爱玩这个游戏了。这些生活中的小游戏还有很多很多，不仅能提高宝宝全身肌肉的活动力量，而且还培养了他们愉快、活泼、勇敢的性格。

哲哲在11~12个月时，运动能力有了更进一步的发育。当我把他放在没有任何可以倚靠的地方，竟然能安安稳稳地独自站立了，虽说只有十几秒，但是还是让我激动不已。当我牵着他的一只小手，"小家伙"竟然能协调地移动双腿向前走了，虽说只是屈指可数的两三步，但是对我而言，却是结结实实地迈出了一大步。

为了继续激发哲哲运动能力的发育，我还会经常和他做一个抛球的游戏。我先将皮球轻轻地抛给哲哲，再让他学着我的样子把球重新抛回来。经过数次这样的训练以后，聪明的哲哲很快就掌握了这个动作。

🐤 说给菜鸟妈妈听

宝宝9~10个月时，手的精细动作有了很大进步，能自由地伸张五指，拿东西也更准确了，并能比较准确地放到嘴里。不过，家长要格外小心，避免宝

宝发生危险。另外，这个月龄的宝宝可能会扶着床沿、沙发墩、木箱等横着走

几步，父母可以进行这方面的训练，让宝宝靠着物体站在那里，鼓励他们向前迈步走。

宝宝10~11个月时，当他坐在一个平面上，如果大人事先在他前面左右各放一个玩具，就能左右自如地转动，并

智慧小博士

婴儿运动能力发育是不尽相同的，有的发育快，有的发育慢。如果相差不是很大，就不要着急。婴儿运动能力发育快慢与其所处季节、家长训练程度、看护人是否训练得当等因素有关。

用脚来帮助移动自己的身体。宝宝用一只手扶住栏杆的话，可以协调地迈步走，大人拉着他的小手甚至还可以走几步。另外，这个月龄的宝宝能用一只手扶住倚靠物蹲下，用另一只手捡取玩具，并能再站起来。为此，家长可以借助扶手走步、爬越障碍等动作来激发这个月龄宝宝运动能力的发育。

宝宝11~12个月时，大人放松支持他的双手，他能独自站立10秒钟以上；大人牵孩子的一只手，他能向前行走三步以上。

亲子小游戏

家有"十项全能"的宝宝，不妨做做下面几个游戏，可以很好地促进身体协调能力的发展。

【游戏1：踢球】

开始游戏喽： 游戏前，家长先在距宝宝脚3~5厘米处放个球，让他练着踢。在踢来踢去的过程中，宝宝会感到十分高兴，继续踢着玩。

再叮咛几句： 宝宝11个月左右，已具备扶着凳子及其他支撑物，由蹲下到站稳的能力。此游戏可增强他们的腿部力量，训练脑的平衡功能。

【游戏2：拾画片】

开始游戏喽： 家长有意把画片放在地上，然后对宝宝说："宝宝，把画片拾到妈妈这里来。"当宝宝捡起画片，大人应当边说"谢谢"，边教宝宝点头，表示谢意。

再叮咛几句： 这个活动可以训练宝宝蹲下、站起的动作。

5. 迈出人生第一步（1岁~2岁）

1岁左右是孩子运动的启蒙期，他们已经能够在成人的牵扶下自己慢步行走了。孩子在不断增强自我满足感和肢体灵活能力的同时，也在满心好奇地探索着眼前这个新鲜的世界。

聪明妈妈私手记
by 爱爱妈妈 👣

　　婴儿从无力翻身，到四处乱爬，再到蹒跚学步，是一个令无数父母都兴奋不已的过程。回忆起我家爱爱的这一历程，那真是几多辛苦几多欢喜啊。跟所有宝宝一样，爱爱学走路是有过程的，从最初的扶着东西慢慢地站起来，到扶着东西一点点地移动，再到后来迈出真正的第一步，这一步步走来，连我这个做大人的都觉得宝宝真是不容易啊，孩子生来就是这么的辛苦，无时无刻都是需要学习的。

　　还记得爱爱八九个月大的时候，总是不停地想站起来。当我把她抱在腿上时，她就会使劲蹬我的腿。那几个月，我的腿还真没少被她踩得青一块紫一块的。成长的代价啊。然而，就在我为"小姑娘家家"为何有这么大的力气而不知所措的时候，在接下来的两三个月，我的爱爱已经渐渐地可以自己蹒跚着行走了。

　　那段日子里，牵着爱爱学步的时候，趁她两脚一前一后分开时，我会轻轻放手，让她自己站一会儿。当然，爱爱不会每一次都站得很稳当，小身子免不了要往前扑。这时，在我还算坚实有力手臂的保护下，她就很安全了，而爱爱总是很喜欢也很陶醉这种有惊无险的游戏。

渐渐地，爱爱逐渐挣脱了我的双手，终于有一天，她能独自行走了。最初的时候，她的"巡游"就是绕着家具走来走去。看着她乐此不疲的样子，看着这愈挫愈勇的劲儿，我不再认为这个"小不点"是多么的滑稽，生命本身的奇妙反倒让我多了几分异样的感受。是啊，此时的孩子哪里知道"累"啊。在他们的字典里，恐怕只有一个字，那就是"走"。

看着爱爱迈出了人生中的这个第一步，我的内心又翻江倒海了。记得在我的博客中，曾记录过这样一段感受："哦，原来换个角度看世界，是这么的神奇啊！抽屉是可以被拉开的，门铃是可以被按响的，小草是湿漉漉的，小鸟是会被吓跑的……此时此刻，孩子的眼前就是一个全新的世界，一个没有被发现、被探索的新大陆。"那时，当我尝试着用孩子的角度去看这个世界的时候，我猛然间醒悟到：原来生活中到处都刻着美好的印迹，只是我们成人太习惯于期待收获而忽略体验过程了。看来，爱爱的这一步警醒了我这个糊涂妈妈啊。

令爱爱激动而兴奋的同时，我也重重地舒了一口气。当爱爱看到一个自己喜欢的东西时，不再需要大人的帮助，而是自己走过去拿了。这对孩子来说，是一个大突破，对家长来说，也是一个大解放啊。不过，真正的"好戏"才刚刚上演，接下来我的日子，完全可以用"四脚朝天"来形容。在爱爱经历这段无拘无束的"巡游"日子时，为了帮助孩子远离危险环境，保障安全，我每时每刻都像个老太婆一样不停地向孩子说"不"。我得让她知道自由也是有限度的。

说给菜鸟妈妈听

宝宝在1~2岁期间，主要成就是掌握完美的走路技能。如果宝宝已经开始走路了，可能还需要1~2个月的时间，才能不需任何帮助地站立和顺利行走。

当然，也不要期望宝宝能按照你想象的方法去做。对于初学走路的孩子们说，与熟练走路的孩子是完全不同的。刚开始的时候，他们确实既慢又小心，东倒西歪不说还时常磕磕碰碰。他们通常

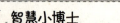

智慧小博士

宝宝学走路的时间各有差异，基本上在17个月以内学会走路都属于正常，家长不必担心。

只会把手放在地上，伸直胳膊，高高地撅起屁股，然后把腿拉到身子下面。最后，直腰离开地面，把腿伸直。但是用不了多久，他们就开始加速了。可是，一旦他们快走起来，你拔腿小跑了才能跟得上，不要为此而感到吃惊。

可是有些宝宝已经会独自走路了，却还是一定要人扶着才走，不扶着就爬地，这又是为什么呢？宝宝学走路是一个自然的过程，家长可以适当帮助，但是不宜强制，否则会适得其反。有的宝宝在还没有掌握好平衡的技巧时，家长就强迫他们往前冲，结果很容易就跌倒。跌倒的次数多了，宝宝就开始害怕，很自然地就不敢独自走路，要人扶着走了。所以说，在宝宝学走路时，父母千万不能强迫孩子自己走路，或甩开宝宝的手，这会让孩子更没有安全感，更难自己走路。这种时候，家长可以适当地用一些玩具来引孩子走过去拿，刚开始的时候所设的距离也不要太远，当孩子成功地迈出第一步后，再慢慢拉开距离。渐渐地，孩子就会重建独自走路的自信了。

亲子小游戏

宝宝要学走路了，该怎么教他走呢？宝宝会走路了，又该怎么教他走得更稳呢？跟宝宝做一些亲子游戏，可以让他快乐学走路。

【游戏1：抓泡泡】

开始游戏喽：让宝宝站在椅子或桌边，以便他能一手扶桌椅，一手去抓泡泡。家长在一旁吹泡泡，边吹边鼓励宝宝去抓。

再叮咛几句：宝宝对像魔术一样的泡泡总是充满好奇，当他想去抓泡泡时，就会不自觉地松开手，朝前迈步而忘了害怕。这个游戏也可锻炼宝宝的手眼协调能力和平衡能力。

【游戏2：大脚小脚】

开始游戏喽：家长和宝宝面对面站好，大手拉着宝宝的小手，宝宝的小脚踩在家长的大脚上。然后，家长边说儿歌边走，带动宝宝向前迈步。儿歌内容为："一二一，走呀走，妈妈宝宝手拉手。小脚踩在大脚上，迈开大步向前走。"

再叮咛几句：这个游戏可以帮助学步儿体会走路的动作感觉，可以训练宝宝如何迈步，体会走路的动作感觉。

6. 让孩子尽情地运动（2岁~3岁）

这个年龄的幼儿，总是不停地跑、踢、跳、蹬，精力极其旺盛。家长应尽量提供安全、宽敞的场地，带他们到户外活动，这样可以促进他们的大运动能力。

聪明妈妈私手记
by哒哒妈妈 👣

　　哒哒两三岁的时候，运动能力明显比以前强多了，每天早晨睁开眼睛的第一个"工作"就是吵吵闹闹。很多时候，就连我们当大人的都搞不明白，他怎么那么有活力，跑啊、踢啊、爬啊、跳的。

　　在这段时间，哒哒胳膊和手上的劲儿明显比以前大多了，递给他玩具、书本或是沙包什么东西，一下子就毫不客气地给你扔出去了，而且"小家伙"似乎为了显示自己的大力气，还会有模有样地模仿大人，提、拿一些大物件。我一回到家，他就学着我的样子，拎拎包、提提购物袋什么。

　　爷爷奶奶见了，不免就要担心了，小孩子怎么能这么使唤呢，磕碰着了怎么了得。而我总是笑嘻嘻地告诉他们，不必担心，哒哒的这些运动会使他的身体变得更加强壮，协调性也会越来越好。

　　为了满足哒哒旺盛的运动需求，也为了让他更加健康地成长，每天我都会尽量抽出一些时间，带他外出溜达溜达。早上送哒哒去亲子园，会尽量早些出门，让孩子自己走到那里。周末假日，也会充分利用户外小儿活动场所，让他多在外面玩，这样不仅锻炼了身体，也能更多地接触其他小朋友，无形中锻炼哒哒的社交能力。

就在哒哒一天到晚不停活动的那段日子里，他也日益成了家里新一代的"劳动力"。哒哒外公外婆在郊区住，老家住宅有不大不小的一块菜地，看着哒哒小胳膊小腿日益健壮，全家人就时不时地会驱车去那里采摘。

在去外公外婆家的路上，我们会告诉哒哒果实是怎么生长出来的，让他对大自然的规律有一个印象，还会告诉他为什么要采摘果实、不同的果实有什么不同的作用，让他了解果实和劳动的价值。我们还会告诉他什么颜色和大小的果实是成熟的，是可以采摘的，让他学会珍惜和不浪费。当然，还要告诉他注意带刺的果实要小心采摘，培养他的自我保护意识。

道理讲了一路，虽说哒哒对这些是懵懵懂懂的，但是看着他那副专注的表情，我知道，随着年龄的增长，儿子总有一天会全部领悟的。后来，我们终于到了外公外婆家。哒哒问候过外公外婆，就迫不及待地要"实操"了。

外婆给他准备了一个篮子，专门盛放他的"战果"。刚走进菜园子，哒哒就最先奔向红色的西红柿，这是他最喜欢的颜色之一，哒哒肯定迫不及待了。在他拧下第一个西红柿的时候，竟然第一个送给外婆，嘴里还甜甜地说："外婆你吃。"这可是我们从未教过的，不过，平时生活中的点滴教育早已在孩子幼小的心灵中生根发芽了。那一刻，我们都欣慰地笑了，这收获远比这次采摘来得幸福而持久。

后来，哒哒在我们的指导和鼓励下，又陆陆续续地收获了黄瓜、豆角、茄子等"战利品"，直至篮子实在装不下了，才尽兴而归。

回到屋后，从事教育工作的哒哒爸又开始他的习惯性总结了，抚摸着哒哒的小脑袋，笑着说："这次活动不仅锻炼了哒哒的动作协调能力，还培养了你对劳动、生活以及大自然的热爱啊。"刚说完，又笑着问他："下次，还来不来啊？"没想到，"小家伙"一下子钻进外婆的怀里，撒娇地说："我要和外婆住，天天帮外婆摘果实。"惹得大家都呵呵地笑了。

说给菜鸟妈妈听

这个年龄的孩子总是不停地进行着跑、踢、爬、跳的运动。随着年龄的

增长，跑的时候会更稳、更协调。在进行踢的动作时，也能学会掌握方向了。另外，在这个阶段，很多孩子喜欢重复地

智慧小博士
发展孩子运动能力的动作，一定要在保护好他安全的前提下进行。

做一个动作或一种运动，向前跨步跳跃就是其中之一。这是因为孩子在体会同样的运动动作所带来的不同感觉。比如，当孩子跳跃时，他们会发现同样是跳跃，可是每次落地的感受却是不一样的，有时感觉站不稳，有时又能站得很稳；有时跨步会很大，有时又好像迈不开腿。恰恰是在这些一次次的尝试中，他们逐渐锻炼着身体的灵活性和协调性，而孩子更是从中收获了不尽的成长乐趣。此外，多数孩子能扶着栏杆自己上下台阶，并能稳当地坐在儿童椅上，而且在大人的稍微帮助下，还能单腿站立一会儿了。

在这个年龄段，还有一个很微妙的变化，那就是此时的孩子走路已经完全摆脱了僵硬步态，学步时跟跟跄跄的步伐将逐渐变成更加成人化的脚跟——脚尖运动。在这个过程中，他们对身体的操纵会更加灵活，后退和拐弯也不再生硬，走动时也能做其他事情，比如，用手、讲话以及向周围观看等，而且不少孩子还会倒退着走呢。

所以说，随着孩子身体运动能力的逐渐增强，家长要适当增加孩子的户外活动时间，毕竟室内空间是有限的，很容易限制孩子的运动能力发展。同时，家长自身也要做个爱动的父母，多带孩子一起做一些运动游戏，比如踢球、比赛跑步等。

亲子小游戏

游戏中总是包含着许多能促进孩子身体运动能力发展的好机会，下面这些动作就要适时适当地去体验。

【游戏1：踢球】

开始游戏喽：家长事先将塑料包装袋的袋口打结，从而做成一个球，让孩子练习踢，鼓励他把球踢得越远越好。

再叮咛几句：这个游戏有助于增强孩子的腿部肌肉。

【游戏2：Z字形跑】

　　开始游戏喽： 家长先准备好一些纸杯，再在地上用这些纸杯排成一个"Z"字形的路，让孩子尽可能快地围绕着纸杯跑。

　　再叮咛几句： 经常练习这个动作，可以提升幼儿身体的敏捷度和灵活性。

【游戏3：跳远】

　　开始游戏喽： 把孩子带到操场上的沙坑前，父母先做示范，然后让孩子模仿自己跳远；也可以家长拉着孩子的手，和孩子一起跳。

　　再叮咛几句： 这个方法可以很好地锻炼孩子的腿部肌肉和力量，而且还能发展孩子的下肢爆发力与弹跳力。

7. 身体越来越灵活了（3岁~4岁）

这个年龄段的孩子无论向前、向后或上下楼梯，他们的运动都是十分灵活的。家长应该一如既往地锻炼孩子的身体运动能力，培养其身体协调性和灵活性。

聪明妈妈私手记
by凹凹妈妈

仿佛一夜之间，女儿凹凹就长大了。3岁之前带凹凹出门，她基本都是不走路的，无论我们怎么磨破嘴皮，软硬兼施都不行，还是抱。那阵子，就连身材魁梧的凹凹爸，带小公主出门之后回来也直呼受不了，一个劲感叹："带娃真是个体力活呀！"

后来一段时间，不知为何，凹凹渐渐痴迷上了赛跑游戏，只要见我和凹凹爸闲着了，就会拉我们俩和她一起比赛跑步，而且这还成了每天的"必修课"。虽然赛程不长，可每次都得玩上一两个小时，直跑得我这个天生缺乏运动细胞的妈妈大喊筋疲力尽，而凹凹呢，还是不肯停下来。

后来，和闺蜜聊天时，才知道原来孩子到了3~4岁，正是能跳会跑的时候，这时候也恰恰是发掘他们运动能力的大好时期。这时，我也突然想起一位育儿专家曾经说过，在婴幼儿期运动能力发展是非常迅速的。如果能对宝宝进行合理的训练，将会大大促进宝宝运动能力的发展，所以，为了我们的凹凹有一个好身体，也为了她越来越聪明，在接下来的日子里，我们总是与凹凹乐此不疲地玩着、嬉戏着。

就在我们刚开始制订计划时，才发觉让孩子自由自在地成长才是最关键的。要知道，孩子的兴趣才是最好的老师。为什么这么说呢？那段日子，凹凹对爷爷种在屋外小花园的花花草草发生了浓厚兴趣，一闲着，就会蹲在爷爷身边，问东问西不说，还着急忙慌地"抢"爷爷的活计。我们看到凹凹对这些绿色植物有着浓厚的兴趣，就借机给她一个小盆，让她自己种植一些属于自己的小绿植。没想到的是，凹凹在我们的指导和鼓励下，干得还真有模有样，浇水、松土，一个环节都不少，每个环节做得有板有眼。凹凹的这一喜好竟然一直持续到她念大学。去外地念书那会，她对多年来精心呵护的小花小草，还真是依依不舍呢。事后，我和凹凹爸聊起这件事时，不约而同地感叹，幸亏我们当初没有擅作主张，如果我们把自己的意愿强加给孩子，我们的爱迟早会变了味，那才不利孩子的健康发展呢。

其实，生活中锻炼孩子运动智能的发展机会远不止这些。只要我们大人善于放开手，让孩子体验成长的过程，他们自然会从中收获颇多。跟所有的宝宝一样，凹凹在三四岁的时候，经常会摆弄一些大纽扣、按扣和拉链，于是，我就充分利用这一机会，锻炼她穿脱衣服的能力。接近4岁时，她已经可以轻而易举地解开纽扣和拉开拉链，并能自己穿袜子和上衣，还可以套上鞋子了，晚上睡觉时也更乐意自己脱衣服了。

另外，那段时期的凹凹还能够自己吃饭并乐于为他人夹菜，还喜欢在饭前帮着爸爸妈妈准备碗筷，饭后收拾餐桌。尽管有时候，凹凹的举动还真是让我们多少觉得有点提心吊胆，但是一想到，这是锻炼孩子运动智能、培养孩子生活能力的好机会，我们就会立马放弃之前的想法，用很坦然的态度面对孩子成长的每一次尝试了。

说给菜鸟妈妈听

宝宝进入3岁以后，仿佛长大了许多。动作已经非常灵活，特别喜欢缠着家人做游戏，尤其对玩球的兴趣浓厚。很多宝宝已经会拍球、抓球和

智慧小博士

大自然是培养宝宝运动智能的天然乐园，家长在周末空闲时，要多带宝宝尽情地和大自然亲近。这样不仅扩大了宝宝的活动范围，丰富宝宝的知识和经验，而且也能促进其大脑思维能力的增强。

滚球，但是由于手臂和手指之间的协调性还不是很强，所以，当大人抛给他球时，只会把手和胳膊直直地伸过来接球，把球反弹在地。在这个时期，很多宝宝的平衡能力已经很强，能平稳地走路和跑步，甚至做一些较复杂的动作，比如，调节跑步的速度，跑步时突然来个急转弯。不过，如果奔跑速度过快的话，在突然拐弯或突然立定时还是很容易摔倒。

另外，这个时期的宝宝正是喜欢模仿的年龄，能够不厌其烦地重复同一动作。比如说，这个时期的宝宝对模仿小猫钓鱼、小兔跳、蝴蝶飞舞很感兴趣，家长在创想的游戏中，可以鼓励他们把自己当成小猫、小兔、蝴蝶，随着宝宝活泼可爱的动作，其运动智能也会在不知不觉中提高了。当然，在这一过程中，尤其需要家长积极的指导、训练和适时地鼓励，这样更有助于帮助宝宝学会必要的动作技能，如跑、跳、爬、钻、投等。

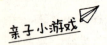

游戏是宝宝最重要的、也是他们最喜爱的一种活动形式，下面这些游戏就可以很好地培养这个年龄段宝宝的运动智能。

【游戏1：套身体】

开始游戏喽： 准备一个直径约40厘米的塑料圈，让宝宝双手举起圆环，从头向下套过身体，最后弯腰抬腿把圆环从脚下拿出。家长还可以把这个塑料圈放在地上，让宝宝双脚站在其中，双手拿起圆环从下往上套过身体，最后把圆环从头顶上拿下来。

再叮咛几句： 这个游戏可以练习宝宝从头到脚套圈的技能，发展运动能力和身体的协调性。

【游戏2：投沙包】

开始游戏喽： 家长准备几块花布，缝几个小袋，里面装些米、豆子做成沙包。让宝宝拿在手里，胳膊屈肘上举用力向前投出。游戏前，家长先示范投掷动作，再和宝宝比赛看谁投得远。

再叮咛几句： 这个投掷动作的游戏有助于发展宝宝上肢力量，培养动作的协调性。

8. 享受运动的乐趣（4岁~5岁）

对于这个年龄的孩子来说，运动不仅是锻炼身体、强健体魄的好方式，更是孩子发育大脑、锻炼意志、寻找快乐和增强自信的好机会。

聪明妈妈私手记
by尼尼妈妈 👣

久居城市的人们，每天都在忙忙碌碌地东奔西跑着，但是一提起锻炼身体这件事，总是张口闭口没时间、没精力。不过，在我们家，我和尼尼爸即便再怎么忙，每到周末，总会抽出一些时间来锻炼一下，这对我们自己可是很有好处的。要知道，现如今，很多像我们这样的家长，可是全家人的顶梁柱啊。当然，在一家人感受这种其乐融融的氛围时，女儿尼尼对运动的乐趣越发浓厚了，身体素质也越来越好了。

春天的气息总会撩起我们要走出家门到外面舒活舒活筋骨的愿望。去打球、去爬山、去田野中奔跑，所有的运动方式一下子因为春天的来临，移师到了户外。

经过了一个冬天，在尼尼4岁半左右，尼尼爸提议全家驱车去长安区爬山。都说爬山可以锻炼孩子的毅力，开阔孩子的视野，使孩子养成心胸开阔、乐观向上的性格，所以，我们俩在这个计划上一拍即合。

其实，这并不是尼尼的第一次爬山经历，早在这之前，她已经跟着我们爬过好多公园里的小山了。尽管这都是一些不起眼的小山坡，但是，每一次尼尼都会玩得热情十足。相比之前的小山坡，长安区的这座山明显有了难度，还未出发时，我就心软了，甚至都已经做好抱尼尼上山的打算。毕竟她才只有4岁啊。

出乎我们意料的是，尼尼居然和随同的姑妈最先爬上了山顶，而且远远地把我和老公甩在后面。等我们俩大人气喘吁吁地爬到山顶时，她已经和姑妈在欣赏高处的风景了，等我们安全地与她会合时，完全看不出她有任何的疲倦之意。此时的尼尼甚至还大言不惭地说，以后只和姑妈爬山，说我们太慢了，显然是对我们不屑一顾嘛。不过，当我们全家人在一起呼吸着春天温暖的空气，尽情地享受着明媚的阳光时，运动带来的快乐、健康和自信更坚定了我们最初的选择。

说给菜鸟妈妈听

对于孩子们而言，他们最需要的是跑起来、跳起来，让全身运动起来。然而，一项研究表明，现如今，很多孩子都存在或多或少运动不足的问题，这就极易影响孩子的身体

智慧小博士
运动不仅是完成肌肉运动的一个过程，也是一次非常重要的情感经历。为此，家长应该多和孩子一起运动，当其有了微小的进步，也要及时给予表扬和鼓励。

发育，甚至对其心理发育、行为方式及学习能力等都可能产生不利影响。

有很多人会说，看电视是孩子运动减少的罪魁祸首。其实，在没有电视的时候，孩子是绝对不会盯着墙壁一坐就是几个小时的，他们总会找到其他方式来获取乐趣，孩子天生就有着丰富的想象力，关键是看我们的家长怎么引导。

也有一些人会说，很多家长是出于对安全的考虑，担心有些运动会给孩子造成伤害。其实，运动不仅仅是锻炼孩子身体、强健体魄的最好方式，更是孩子大脑发育、锻炼意志、寻找快乐和增强自信的最好机会，而且运动还可以帮助孩子减去脂肪、锻炼骨骼和肌肉，建立身体的协调性，这就为他们拥有健康的身体打下良好基础。

另外，运动也是孩子和父母，以及他的小伙伴互相沟通的一个桥梁。也许，一次玩耍、一次体育运动就让两个孩子的话题突然多了起来。今天踢足球的

时候，谁跑得更快、谁射门最准、谁踢得更远，都会成为孩子们之间的谈资。

当作为家长的你把更多的时间留给孩子，和他们一起感受体育的魅力时，也许，有一天你会发现孩子突然和你谈论起某个球星，突然对电视上某个国家的国旗有了认识，突然和你谈论起不同肤色的人他们跑步的速度、身高可能是不一样的。就这样，渐渐地，你和孩子的话题因为运动而变得宽泛起来。

这么看来，当我们的家长错失了一次次指导孩子参与运动活动的机会，反倒是错失了一次次锻炼孩子健康成长的好机会。为此，家长应该多参与到和孩子一起的运动中。不过，在这个过程中，家长应该保持低调，不要琢磨着孩子将来是否能在此项运动中成为佼佼者。只要参与了，对孩子而言，就是进步，就值得鼓励。

亲子小游戏

亲子一起做游戏，孩子总会收获双重的快乐。下面这些游戏既能让孩子感受到运动本身的乐趣，也能让亲子感情变得更融洽。

【游戏1：夹球跳】

开始游戏喽：家长先用双腿把小球夹住，然后双脚向上跳，在自己示范完以后，让孩子练习。

再叮咛几句：当孩子的动作熟练后，可以加上上肢动作，比如，边跳起边拍手等。

【游戏2：升太阳】

开始游戏喽：家长先准备一条浴巾，把皮球（较轻的那种）放在浴巾中间；家长和孩子分别握住浴巾两端，双方一起配合，努力将皮球抛起，边抛边数"1、2、3"，还可以边念儿歌边弹球，儿歌大意："升太阳，升太阳，升起一个大太阳。"最后，在皮球落下时再接住它。

再叮咛几句：游戏开始时，双方要轻轻颠球，以免太高孩子接不住。等孩子协调能力提高后，再将球弹高一些，此游戏可以训练孩子的协调能力和视觉灵敏度，同时培养他与别人的合作精神。

9. 每天进步一点点（5岁~6岁）

各种运动对于孩子的生长发育都是大有好处的，可是，不同年龄段的孩子其生长发育水平存在较大差异。具体5~6岁这个年龄段的孩子，在运动方面又有哪些体现，家长又该如何指导呢？

聪明妈妈私手记
by 噜噜妈妈 👣

说实话，我和噜噜爸都不是体育项目的忠诚实践者和追随者。不过，在孩子的成长过程中，在体育运动这件事上，我们俩始终观点一致，那就是孩子的成长离不开运动。为此，根据孩子的身体发育状况，制订适宜的锻炼计划，就成了我们俩的一门"必修课"。

早在噜噜刚满5岁时，就已经开始玩各种球类了，虽说有时还不能很好地"驾驭"那个比自己手掌还大的球，但是他的一举一动都透着对这项运动的喜好。那时的噜噜还喜欢做手工，虽说拿剪刀的技巧不是很娴熟，可我还是尽量安慰自己，别担心，这是孩子的成长体验。

后来，随着噜噜动作和语言的发展。生活范围的扩大，我们渐渐发现在运动这件事上，他越来越有目的性和计划性。虽说这时的运动还是以"玩"的成分居多，但是噜噜总是会想出这样或那样的办法来赢得游戏，或是让自己表现得最好。我记得有这样一项科学实验曾说过，爱玩耍的孩子大脑比不玩耍孩子的大脑至少大30%，这就意味着这类孩子具有更好地识别物体的能力、语言表达能力和思维想象创造力，而且他们能更好地消除心理压力和恐惧感等。

生活中，我和噜噜爸每天都会抽出一段时间，陪孩子做各种各样的运动游戏。有时，噜噜还会以日常生活事件、社会事件为主题来自创一些新的游戏，虽然噜噜制定的这些玩法在大人看来是那么的简单，但是相比以前还是有了一定的飞跃，尤其是当其他小朋友面对这个新游戏时，噜噜还肩负着对小同伴讲解游戏规则的"艰巨任务"，这也无形中锻炼了他的表达能力和人际沟通能力。

在噜噜的锻炼计划中，他最喜欢的莫过于游泳了。记得一位体育界教授曾说过，幼儿从5岁左右就应该学游泳，最迟不要超过12岁。这是因为学游泳需要一定的理解能力、自控能力和解决问题的能力，而孩子在5岁以后，能够逐渐理解教练的指令，适应陌生的环境和课程安排了。其实，早在噜噜正式学习游泳之前，我们就充分为他创造一些与水亲近的机会了，从这一点来说，绝无年龄限制，而且是越早越好。"亲水"对于孩子的成长发育来说，绝对有益无害的。

当孩子爱上水的宝贵体验，当家长尽情地陪孩子在水池中投入地"疯玩"，孩子慢慢地就会体会在水中的平衡感，这也有利于他日后愉快地投入真正的游泳课中。但是，那阵子的噜噜跟多数孩子一样，一见水就玩得忘乎所以，不想从水里出来，这时，我们就会巧妙引导，不过我们从来不会厉声呵斥孩子。

当然，在教噜噜游泳这件事上，我们做家长的也免不了会失去耐心，但是每每遇到这种情况，我就会想起当初教噜噜游泳时的那个信念：幼儿游泳是一种乐趣，而不是一种任务。为此，在噜噜学游泳时，我们更多的是对他进行思想鼓励，让孩子自己跟自己比，而不是跟别的孩子比；当孩子遇到困难要退缩时，多给他信心和勇气，而不是放弃，更不是责骂。渐渐地，我们发现随着噜噜一天天地长大，运动兴致也越来越高了。

说给菜鸟妈妈听

这个年龄的孩子喜欢各种运动，对每种运动都有着浓厚的好奇心和热忱。

他们已经可以随意跑步，几个孩子们在一起，就爱比看谁跑得快、看谁跑得远；他们可以单脚跳绳，可以花式跳绳，虽然偶尔会被绊倒停下来，但是这丝毫不减他们的热情。

跟以往一样，这个年龄段的运动方式也应以游戏为主，但是更加强调活动的趣味性，在游戏的过程中，孩子可以很好地掌握走、跑、跳、游泳、滚翻、抓握、投掷等基本技能。为此，家长可以针对孩子身体发育的特点，让他们多参加跳绳、跳皮筋、拍小皮球、踢小足球、打小篮球、游泳等体育运动。不过，由于这一阶段孩子的肌肉、韧带、骨质和结缔组织等均未发育成熟，因此，不宜过早进行肌肉负重的力量锻炼。

智慧小博士
孩子在水中嬉戏时，家长一定要注意他的安全问题，防止他不小心呛水。

由于孩子的性格原因，有的会不喜欢剧烈运动，甚至厌恶"竞争性"游戏。为此，家长不应硬性规定他们要进行怎样的运动，应该随时观察孩子的喜好，引导他们从事自己感兴趣的运动项目。

亲子小游戏

随着孩子年龄的增长，家长可以充分利用与他们一起做游戏的机会，为其创造更多锻炼机会，下面这个《二人三足跑》的游戏有趣又有益。

开始游戏喽：家长在户外选一片空地，在空地两端画好起跑线和终点线，请几对父子站在起跑线上，妈妈用一根长带子将父子相邻的一条腿绑在一起，爸爸双手背后，听到口令后，父子一起出发向前跑，到终点线后返回，先返回起跑线者为胜。

再叮咛几句：游戏时，爸爸双手必须背后，妈妈要将带子系紧。这个用三条腿跑步的游戏可以训练亲子的配合能力，增进亲子情感的交流。

第三章
用爱帮助孩子构建自我
——抓住孩子自我认知能力发展的7年黄金期

宝宝出生以后，开始以其独特的眼光来审视这个世界，

然而，对于身边的很多事情，他是既充满了恐惧，又充

满了好奇。其实，这一切皆是宝宝自我认知能力的发展

过程。那么，宝宝的自我认知能力是怎么发展的？作为

家长，又该给予怎样的引导呢？

1. 关注宝宝的自我认知能力（出生~3个月）

宝宝出生以后，对于自己是一个与他人独立的个体就有一些初步的意识，而其自我认知能力又是通过闻味道和听声音等方式来发展并逐渐确立的。

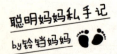

聪明妈妈私手记
by铃铛妈妈

　　朋友阿彪是一位资历颇深的儿童心理学家。一次聊天时，我们聊到了一个严肃的话题：每个人降临在这世上，问自己的第一个问题必然是"我是谁？我在哪里？我属于什么地方"。虽说此话乍听起来，有点像很多失忆者在苏醒后的第一句话，不过，很多时候，对此问题，我还真是会有一种言不由衷的茫然。

　　友人说，对自我认知的茫然和缺失是很多人的一个通病。生在这个世上，我们需要了解和认识自己、需要认识与调节自己的情绪和感受，需要认识自己的长处与缺点，需要意识并调整自己的情绪、意向、动机、脾气和欲望，并对自己的行为进行自律和反省，可以说，这些"工作"是我们一生都在进行的，而这正是一个漫长的自我认知的旅程。

　　友人又说，如果把目标人群转到我们的为父为母身上，就会发现，当我们这些望子成龙、望女成凤心切的父母一面热火朝天地谈论自己的孩子如何不自信、胆小、做事缺乏目标、不能很好和别人合作，进而又如何风风火火地把所有的注意力都聚焦到要求孩子大胆、鼓励孩子自信、帮助孩子设定目标的时候，但是，在另一方面，我们这些可歌可泣的父母却忽略了最重要的一步，那就是帮助您的孩子认知他自己。

随着婴儿"哇"的一声啼哭，我们做父母的往往会乱了分寸，慌了手脚，一时间，聚集所有的精力与财力于孩子的衣食住行，生怕怠慢了这个小大人，也生怕让孩子输在了起跑线上。然而，有了友人的警醒，我才恍悟，其实，孩子最真实最自然的一面，才是我们施与早教的关键环节。

于是，在儿子铃铛嗷嗷待哺的那段日子里，我每时每刻无不怀着一颗敬畏的心和真诚的眼光去面对他。那些在旁人看来再普通不过的哼哼唧唧、举手投足，在我眼里却暗藏着无比珍贵的信息。我知道，此时的铃铛正试着探究他的嗅觉、味觉、视觉、听觉和触觉，当然，更试着借此本领来探究周围这个全新的世界，而这一切皆源于孩子的自我认知能力。最令我感动的就是这样一个画面：每当爸爸妈妈呼唤铃铛的乳名时，他就扭过头来，知道那是特意招呼他，这都是宝宝自我认知能力成长的迹象。

友人继续告诉我，自我认知智能是有关人的内心世界的认知、儿童的自我认知智能，又是指儿童对其自身的认识、评价、监督、调节和控制等的水平。具有较好自我认知智能的人，头脑中有一个关于自己的、积极可行的有效行为模式。

听到这里，我下意识地思量了一下自己，有些时候，我对自己的行为和能力估计会偏低，目标设定也会表现出不自信。友人看出了我的小心思，亲切地讲，我们每个人都要对自己的行为进行自律和反省，这是一个漫长的旅程，人的一生都在进行。再看看那些对自己的行为和能力估计过高的孩子们吧，在他们的成长过程中，无不会因"眼高手低"而身陷种种波折与坎坷。

友人的点拨让我醒悟了，作为父母，我们无不希望自己的孩子能够快乐与幸福，但是，在与孩子相处的时候，我们是否会识别孩子自我认知能力成长的种种迹象，进而在其成长的过程中，有针对性地培养孩子的自我认知能力呢？

这也让我更加明白了一个道理：如果我们做父母的不希望孩子长大成人后的一天，寄希望于父母、老师、同伴来告诉他"我是谁，我是怎样一个人，我需要什么，我要过怎样的生活"等这些似乎更多的经由别人来告诉给他们的问题，那么，从现在起，我们就有必要帮助孩子提升对自我的认知能力，让他们学会认识自己、分析自己、提升自己，自己走好自己的路。

说给菜鸟妈妈听

当宝宝出生以后，对于自己是一个与他人独立的个体就有一些初步的意识，随着嗅觉、味觉、视觉、听觉和触觉等感官的不断发育成熟，自我意识也在不断发展，并逐渐明白自己是独立于周围世界的单独个体。对于1~3个月的婴儿，可以针对其认知能力的表现，进行适当的培养。

1. 视觉方面。此时的宝宝看见妈妈会表现得非常兴奋，看妈妈的时间也明显比看其他人的时间长，有时还发出声音与妈妈打招呼。随着月龄的增长，婴儿的视觉能力也逐渐增强，能较长时间注视一个物体，也能灵活注视移动的物体。为此，建议妈妈经常将宝宝面朝前竖着抱，让他熟悉屋里的各种物品，而且边看边指给宝宝说："这是布娃娃，这是毛毛熊。"重复这样的练习，宝宝就会形成记忆，以后一说到布娃娃或是毛毛熊，小家伙就会将目光转向放布娃娃或毛毛熊的地方。为了锻炼宝宝注视移动的物体，可以选择婴儿喜爱的小玩具，一起玩耍时，边摇边移动，使其目光追随移动的物体做上、下、左、右方向的移动。

2. 听觉方面。为了促进宝宝听觉的发育，可以经常给他听一些柔和或熟悉的音乐。而且做过胎教的婴儿，父母也应继续让宝宝听胎教音乐，强化记忆，促进听觉能力的发展，这是因为婴儿对胎儿期曾听过的音乐、故事，在其出生后会表现出明显的偏爱。如果在宝宝哭闹不休的时候，给他放一段胎儿期熟悉的音乐，或是讲一段那时熟悉的故事，就会奇迹般地安静下来。不过，这种记忆能力是很短暂的，出生后如不继续强化，很快便会遗忘。另外，在这段时期，在婴儿的视线以外，轻轻地呼唤他的名字或摇一摇带响的玩具，宝宝就能准确、较快地转向声源方向。不过，这种听觉刺激不要过响；一种刺

智慧小博士

家庭气氛对孩子自我认知智能的影响也很大，相比优越的家庭环境，和睦的家庭环境，更能助长孩子良好的自我意识。

激不要重复多次；时间也不宜过长，5分钟左右就行。

3. 触觉方面。很多宝宝在这段时期会有吃手、啃脚的嗜好，这标志着宝宝的心理发育进入一个新阶段。要知道，手指功能的分化和初期的手眼协调阶段，也是智力发展的一种信号。为此，父母可以将各种软硬、粗细、大小不一的物品，如毛线球、塑料瓶、小勺、积木等放在宝宝的小手上，让他练习抓握，体验触觉刺激。这些物品不必样样东西都去商店购买，家中随处可见、贴近生活的东西就很不错。

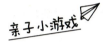

亲子小游戏

宝宝出生以后，自我意识也在不断发展，常和他们做做下面这个游戏，有趣又有益。

开始游戏喽：家长备好两件玩具，先拿出一件玩具让宝宝看一会儿，再拿出一件玩具让宝宝注视。接下来，家长让两个玩具交替出现在宝宝眼前。

再叮咛几句：这个游戏可以训练宝宝的视线从一个物体转移到另一个物体上。

2. 一颦一笑中认识自己（4~12个月）

是什么让孩子即便面对再普通不过的镜子，也会玩得不亦乐乎？是什么让孩子面对与亲人的短暂分离，也会表现得万分惆怅？这一切皆源于自我认知能力。

聪明妈妈私手记
by弯弯妈妈 👣

弯弯三四月的时候，特别喜欢对着镜子里的自己端详。刚开始，这个小淘气会用小舌头去"品尝"镜子；再后来，就是歪头歪脑地端详镜子里的自己。每当这种时候，爷爷奶奶就很好奇，这是为什么呢？

看过好多育儿书的我，很肯定地告诉他们，其实，这都是宝宝视力发展、触觉发展的一个过程。而且照镜子也是孩子认知自我的一个过程。对此，专家是这样解释的：宝宝小的时候，他的视线会随着镜中事物的移动而移动，再大些，就会尝试伸手去触摸镜子中的"人"，对镜子中的自己喃喃自语，那种看上去怪怪的样子，摸上凉凉的感觉，总会让他开心地笑起来。这些实际上是宝宝初步学会关爱他人，和周围环境交流的体现，而且宝宝的这些动作还能提高他的运动能力，促进视觉、触觉、语言的发育。

所以，那段时间，为了让弯弯更好地和镜子里的"伙伴"交流，我总是陪她做一些小游戏，帮助孩子学会区分自己与他人。比如，我会指着弯弯在镜子里的身体部位，并给她讲解这是什么部位，等她"学习"完之后，再引导她摸一摸自己的鼻子、嘴巴和小耳朵。再比如，我会把弯弯抱到镜子前，逗她与镜子中的自己碰碰头、拉拉手，告诉她镜子里的"小朋友"就是她自己，并向镜子里的小朋友呼唤弯弯的名字。

虽说此时的弯弯很喜欢照镜子，但是她并不知道她看到的就是她自己。一般来说，10个月左右时，宝宝才会明白镜子里看到的影像就是自己。还记得，弯弯10个月大的一天，我照例和她玩照镜子游戏，玩着玩着，她忽然指指镜子中的自己，又指指我，眼神中透着惊讶与欣喜。然后，这个小可人又把小脸紧紧地贴在我的脸上。看样子，弯弯意识到了自己和妈妈的不同，而她又是那么地爱妈妈。从这之后，每次照镜子时，弯弯都会先看看自己，再看看我，然后使劲搂住我亲了又亲。

后来，随着弯弯对自我和对他人认识的加深，我发现在她6个月左右时，如果爸爸妈妈偶尔离开，她就会表现得很难过，甚至还会呜呜地哭两声。然而，在此之前，即便我们走多远，她也没有多大反应。其实，这是因为之前的弯弯对于自己的认识和他人的认识还没有特别清晰。遇到这种情况，我在离开时会主动走到弯弯身边，亲切地安抚她、拥抱她，并告诉她，妈妈一会儿就会回来。虽说我很清楚此时的弯弯不一定能理解我说的话，但是我依然会用我的语气、动作和表情给她一种安全感。

记得一位育儿专家曾说过这样一句话："当宝宝感受到自己的一颦一笑，一举一动对周围人和环境的影响以后，她的自我意识也开始迅速发展。"弯弯10个月后看似荒谬、重复的行为，可以说是最好的证明。那时的她开始对扔东西的游戏感兴趣，只要拿起手边的玩具、物品就会通通扔出去，看到我们帮她捡起来了，就又高兴地忘乎所以。都说宝宝扔东西实际上是探索世界的一种方式，是大脑进步的表现。作为家长，最好不要对宝宝的这一行为表现得过于紧张，只要控制他扔的东西材质和扔东西的地方就行了。准备一些带拉绳的玩具。

说给菜鸟妈妈听

婴儿在4个月~12个月这个阶段，在自我认知方面，会有很多表现，而这在其处理自己与外界事物、自己与他人的关系方面，往往具有重大意义，是婴儿从自然人向社会人转化的关键一步。

婴儿4~6个月时，绝大多数宝宝都很喜欢照镜子，尽管此时，他们并不知道他所看到的就是自己。通常到10个月左右时，宝宝才会明白镜子里看到的影像就是自己，并且好奇地

智慧小博士

自我认知智能是一个人关于自己的一整套认识，一方面包括对自己身体的认识，另一方面也包括对自己的社会能力以及其他能力的意识，所有这些都是在社会化的过程中一步步地发展起来的。

盯着这些影像看。4个月之后，宝宝会更努力地伸手去够一些想要的玩具或物品。这是因为随着宝宝自我意识的成长，他知道可以通过调整自己的姿势来拿到自己想要的东西。为了准确地拿到一件玩具，宝宝会仔细思量，改变手和手指的动作以靠近目标。

婴儿6~9个月时，随着对自我和对他人认识的加深，他会在爸爸妈妈偶尔离开时，表现得很难过，会开始啼哭。可是在此之前，由于宝宝对于自己的认识和他人的认识并不是那么清晰，所以大人走远时，他也没有多大反应。这种时候，父母不必惊讶，当你走出房间时，可以安抚、拥抱宝宝，要知道，你的语气、你的动作和你的表情都可以给宝宝带来安全感。

婴儿9~12个月时，有的宝宝在这个时期开始对扔东西的游戏感兴趣，只要一拿到手边的玩具、物品，就扔出去，看到爸爸妈妈帮他捡起来，就表现得非常高兴。其实，宝宝的这些表现皆意味着他的自我意识开始迅速发展。这种时候，爸爸妈妈可以将玩具放在一块长条布的远端，近端放在宝宝手边，当孩子试图拉动长条布时，就会拉近玩具和自己的距离，最终得到自己想要的玩具。

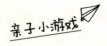

亲子小游戏

游戏带给我们的乐趣是无穷的，下面介绍的这个游戏对于培养宝宝认知能力有一定得帮助。

开始游戏喽：家长用大毯子把宝宝最喜欢的玩具盖起来，然后让他自己把它找出来。等宝宝熟练后，可以逐渐增加被藏起来的玩具数量，来增加游戏的难度。

再叮咛几句：这个游戏可以培养宝宝认知能力的发展，适合8个月以上宝宝。

3. 让孩子自然地成长（1岁~2岁）

宝宝从这个阶段起，开始对自己有所认识了，进入自我认知的发展阶段。让孩子自然而然地健康成长，才最有助于引导孩子顺利度过这一阶段。

聪明妈妈私手记
byYouyou妈妈

Youyou在1~2岁这个年龄段，与外界沟通和理解的能力也在飞速发展。在我眼里，这个小不点就是一个一刻也不得闲的"小机器人"。每一天，他都会一遍又一遍地上演他的"小绝活"。我很清楚，此时的Youyou正处于认知能力的发展阶段。

早在这之前，每一天，Youyou都会例行一个"工作"，那就是乐此不疲地吃自己的手，抱起自己的脚啃，那时的他简直把自己的身体当做玩具一样在玩。看得出，那时的Youyou根本不知道自己身体的存在，当然，他自己也确实没有这方面的概念。

后来，随着Youyou自我认识能力的发展，我逐渐发现他知道手和脚是自己身体的一部分了。当我说"宝宝的手""宝宝的脚"时，他就会规规矩矩地指指这儿，再点点那儿。在这一过程中，最激动人心的一幕就是Youyou到了1岁以后，当我们轻声叫出他的名字时，他竟然知道那是在叫自己，而且更令人欣喜的是，Youyou还能用自己的名字来称呼自己了。很显然，我家的这个"小机器人"开始能把自己作为一个整体与别人的名字区别开来了。

当然，Youyou的"绝活"远不止这些。当他看到自己心仪的玩具，却又无能为力够得到的时候，就会把爸爸或妈妈当做自己的延伸。还记得，那时的Youyou只要一看到自己想要的玩具，他想拿，可是偏偏又拿不到的时候，就会推身边的大人，或是用手指着想要的玩具，直到让你明白，他想让你把那个玩具递给他才肯罢休。再比如，Youyou喜欢爬楼梯，不过，当他感觉要爬上一段楼梯对他而言有些难度时，就会紧紧地抓住你的手，这样借助大人的帮助，他就可以完成自己的心愿了。当Youyou爸看着儿子这股子"不到长城非好汉"的劲儿，就会笑嘻嘻地拍着胸脯说，"我儿子，就是有毅力，这一点，像他爸。"

当Youyou渐渐认识到身体是属于自己的时候，他还能意识到自己身体的感觉，身体哪里磕着碰着了，他就会流露出一副委屈无助的表情，娇滴滴地说"宝宝痛"；饿了呢，又会缠着你说"宝宝饿"。而且我还发现，我家这个小宝贝，在好多事情面前都喜欢说"我自己来"。我知道他在处于自我认知的阶段，做家长的应该给他们提供合适的机会，让他们做一些以前认为根本做不到的事情。于是，我就尽量给他多提供一些机会，吃饭的时候，给他一把勺子；喝水的时候，让他自己端杯子。在同龄小朋友中，Youyou可是比较早学会拿勺子自己吃饭的，好多爸爸妈妈们看了都羡慕得不得了。

Youyou学会走路以后，总会有一些不经意的"小动作"，让我们做家长的为之兴奋，进而萌生着一波接着一波的深深的幸福感。我发现Youyou能自己用手把玩具捏响了，能用自己的脚把球踢走了，也许这些"小动作"在孩子的成长之路上算不了什么，但是，我知道，这些都是幼儿最初级的自我意识表现。在这一系列的变化过程中，孩子会逐渐认识到自己能发生的动作，进而感受到自己的力量，这种于浑然不觉中的成长才更有可能让孩子长成参天大树。

说给菜鸟妈妈听

宝宝在1~2岁这个阶段，每一天都会感觉到自己是如此的有力量，而且在周围人的关注、惊讶、欣赏之下，他们还会试图尝试更多的事情，这一切皆是孩子自我认知发展的一种体现。在这里，我们根据1~2岁孩子的发展特点，创设多种方法来培养他们的这种智能：

1. 认识五官。家长和宝宝面对面坐着，先指着自己的眼睛说"眼睛"，再把住孩子的手指指着他的眼睛说"眼睛"。每天这个练习要重复多次，持续一段时间后，再采用相同的方法继续训练"鼻子""耳朵""口""手"等部位。需要注意的是，当孩子听到家长的"指令"，指出相应部位时，应当及时给予赞扬和鼓励。也可以抱着宝宝坐在镜子前面，引导他找找自己的五官："宝宝，眼睛在哪里？耳朵在哪里？"鼓励宝宝指出来。

2. 做好成长记录。在孩子的成长过程中，家长可以定期给他测量身高体重，并做好相应的记录。每过一段时间，再拿出记录让孩子看看，让他了解自己是在不断长大，并逐渐学会关注自己。等孩子过了1岁之后，每次给他进行身体测量时，都要告诉他长高了多少、长胖了多少，让孩子了解这个活动，并积极地参与进来。以后，当你再给孩子进行身体测量时，他就会表现得非常积极主动了。

3. 认识性别。平常生活中，家长要明确告诉孩子他/她是男孩，还是女孩。比如说，可以通过图片、电视，或是生活中男孩女孩是什么样子，来引导孩子区分男女；也可以结合男孩和女孩服饰打扮的不同特点，来引导孩子区分男女。需要引起家长重视的是，平时注意不要给孩子异性装扮，否则会对孩子的心理造成不良影响，很可能导致不正常的性别取向。

4. 带宝宝逛超市，提高认知能力。对于宝宝而言，超市是一本活生生的教科书。家长经常带孩子去超市购物，可以帮助他们认识新事物和不同的人。出发前，先准备一张购物清单。进入超市时，家长先将宝宝放入有儿童座的购物车中，使他可以面向你，能和你正面交流。同时，也要确保宝宝情绪稳定，不饿也不想上厕所，这样就可以安心逛超市了。然后，家长一边推着购物车，一边告诉宝宝你所见到的和你正在做的："我们要买些

智慧小博士
培养儿童的自我认知能力，不同于培养其他智能和能力，需要父母更多地关注孩子的内在心理活动和外在情绪表现，根据孩子自身的发展状况，引导他们探索自己的内心世界，进而培养孩子具备一些良好的习惯。

米粉。瞧，米粉就装在这个红蓝相间的盒子里。"当然，也可以让宝宝通过触摸来感觉你买的东西，如一大盒冷冻的牛奶，或是粗糙的橙子皮。如果给宝宝买衣服的话，还可以让他在镜子前试穿一下，让他看镜中的自己，并对他说："这件衣服漂亮吗？舒服吗？瞧镜子里的小孩，是谁啊？是宝宝吗？"这样孩子的自我意识就会得到加强，认识到自己的独立存在。总之，超市购物可以让孩子认识很多事物，也可以教会他们使用正确的语言，明智的父母们都应该经常加以利用。

当然，这只是我们介绍的几种方法，对于宝宝来说，了解自己、发展自我认知智能的方式还有很多，有兴趣的家长可以发挥自己的聪明才智，创设更多的方法来引导宝宝认识自己，发展他们的自我认知能力。不过，有一点需要注意，在宝宝探索自我时，家长不要随意干涉或责备，这将会使宝宝的成长停滞，反而延长了他们自我探索的时间。

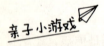

亲子小游戏

此外，家长还可以通过一些游戏来训练宝宝认识自己的身体部位。

开始游戏喽：家长叫孩子起床时，可以边唱儿歌边抚摸宝宝起床："太阳公公眯眯笑，我的宝宝快起床，醒来吧，眼睛；醒来吧，鼻子；醒来吧，嘴巴；醒来吧，胳膊；醒来吧，腿。"

再叮咛几句：通过这个游戏，可以让宝宝对自己身体的各个部位，以及整体形象有一个比较清楚的认识。游戏时，可以随意更换顺序，叫到哪里，摸到哪里。

4. 读懂孩子的"自私"（2岁~3岁）

2~3岁是孩子自我认知的成长阶段，在自然法则的感召下，孩子会一刻不停地形成着自己。作为父母，要善于体察孩子的细微变化，给孩子创造一个良好的成长环境，培养他们的自我认知能力。

聪明妈妈私手记
by牛牛妈妈 👣

牛牛2岁左右的时候，我开始注意到他不愿和别的小朋友分享玩具了，带到幼儿园的所有东西都不许别人碰，动不动就说："这是我的，这是我的。"有时候，就算自己没有玩的兴致，也绝不让别的小朋友碰。

刚开始的时候，我为此很生气，觉得小孩子这样太不懂事，怎么变得这么自私呢？于是，就要求牛牛把自己的玩具物品拿出来跟小朋友分享。后来，我发现越这样要求，他变得越吝啬，甚至都不愿意让小朋友来家里玩儿了。

后来，我买了好多育儿书，一本一本地研究。渐渐地，我开始认识到其实这是孩子自我认知成长的一个阶段。在这一阶段，孩子的所作所为完全是按照自己的意愿、情感、心理和意志的需要去为之，他们是如此希望自己有权管理属于自己的物品，这是一个人自我意识的体现，而孩子的所有这些表现与自私又根本毫无关系。一位懂心理学的朋友也告诉我，对于这个年龄的孩子来说，"我的"就是他们的口头禅，一天到晚会挂在嘴边，他们唯一的"工作"就是看着"我的"所有东西，除此之外的任何事情都不重要。

当我把这一心得与牛牛爸爸分享时，他反倒一脸疑惑地问我："你说一个懵懵懂懂的孩子，怎么会有这种意识呢？"于是，我又搬来"救星"，一字一句地给他解释：其实，每个孩子从出生的那刻起是没有自我的，他和世界是浑然一体的。然而，在孩子接下来的成长发育过程中，也在逐步完善自我建构的过程，在这个过程中，他们会通过占有属于自己的物品来区分自己和他人，然而，只有他们占有了这个物品，才会感觉到"我"的存在，而这也意味着孩子自我的诞生。

有了这次深入透彻的"功课"，更是让我们做家长的更清楚地了解了孩子的内心世界，不再偏执地认为孩子的这些行为是多么的自私，也不再强迫孩子在他人面前表现出大方的一面，反倒是尽可能地尊重孩子的意见，尊重孩子的成长需求。

所以直至现在，我都很感谢在牛牛成长过程中，那些伴随我们走过无数个日日夜夜、无数个波波折折的育儿书，是它们告诉我，为孩子营造一个良好的成长环境，把握住孩子成长的关键时刻，才是一个好父母所要具备的基本素养。

说给菜鸟妈妈听

宝宝2岁以后，随着语言和身体运动技能的发展，自我意识也得到迅猛发展。在这一阶段，孩子的字典里会频繁出现"我的""不"这些字眼，从那一时刻起，他们的东西不许别人动，他们也不愿意给别人分享自己的任何东西；即使是在幼儿园换下鞋了，也要坚持放在自己的书包里，这样才肯安心。

然而，就在家长对孩子的种种"叛逆"之举不知所措的时候，早教专业人士会给我们这样的解释：当孩子产生了自我认知能力之后，他们就会变得"自私"起来，因为他们懂得某些东西是自己的，不想与别人分享。要知道，孩子正在用他们最真实的一面告诉我们："我长大了，我的自我意识增强了，我开始独立思考了，我敢于尝试了。"所以，当孩子斩钉截铁地说"不"的

智慧小博士
孩子探索自己身体的每个部位都是阶段性的，如果父母不横加干涉，他很快就会经历这个时期，继续成长。

时候，恰恰是他们通过语言来感受"我"与他人分离的快乐。而一个没有自我的人，只会丧失"我"与他人、社会分离的机会和界限，最终他的成人世界也会出现这样那样的纠葛。

所以说，这种时候，父母千万不要批评孩子"自私"，而是耐心地引导他。都说"对细节的处理水平，决定了教育的效果"，把握好下面每一个生活细节，就抓住了培养孩子认知能力的契机。

1. 当宝宝跟你说话的时候，就算有再忙的事情，也要停下来，用心注意听。

2. 给宝宝洗浴时，一边洗，一边告诉他身体不同部位的名称。

3. 让宝宝开始对自己的物品负起责任来，比如，穿过待洗的衣服要放进洗衣筐，玩过的玩具要放回原处。

4. 鼓励宝宝为大人做些力所能及的小事，比如，将瓜果皮放进垃圾桶。

5. 描述宝宝的一些情感体验，比如，"今天，你看起来很高兴噢"，或是"你一定感到很难过吧"。

6. 随着宝宝的日益成长，家长可以在墙上贴一张高度表，定期标出宝宝的高度，这样宝宝就能看到自己在成长了。

7. 帮助宝宝在纸上画出自己的手印和脚印。

8. 把宝宝婴儿时穿的小衣物拿出来，跟现在的衣服比一下，跟宝宝讨论一下他不断长大，衣服也在不断更新。

9. 制作一本相册，拍下宝宝做不同活动的照片。

当然，正如植物需要每天浇水施肥才能得以存活一样，如果孩子表现得很不错，大人也要及时给予鼓励和肯定。

亲子小游戏

这个年龄是孩子自我认知的成长时期，常和他们做下面这个游戏，有助于培养孩子的自我认知能力。

开始游戏喽：家长先准备一些描绘四季景色的图片，然后，家长边陪孩子看图片，边给他描述各个季节的情景。

再叮咛几句：这个游戏可以让宝宝在认识四季变化的过程中，增强认知能力。

5. 随时随地进行自尊心培养（3岁~4岁）

3~4岁的宝宝大多数已经进入幼儿园了，突然改变了生活方式，又突然离开了家，孩子很可能会出现不安和焦虑。他们的自我意识有着怎么样的发展？父母又该如何引导呢？

我家小樱桃3岁时，顺利进入一家幼儿园，突然改变的生活方式并没有让她表现出任何的不安和焦虑。其实，在此之前，在亲子园上全天班的经历，已经让她习惯了集体生活，即便面对新环境，也不会有离开亲人的分离焦虑。

那段时间，小樱桃的自我意识也有了很多发展，使用第一人称"我"的次数越来越多。即使在画画的时候，她也一定强调要把"我"画进去，而且她还顽强抵制我给她剪头发，还说："我是女生，我要梳辫子，男生才是秃子……"

那时，小樱桃开始喜欢翻专门写给小孩子看的百科全书，对身体的秘密又是如此感兴趣，还经常在睡觉前自己默默地翻一翻，然后举起来："妈妈，讲！"

"血为什么是红色的？"

"我们为什么要刷牙？"

……

我知道这些都表明幼儿的自我认知智能，虽说此时的小樱桃对很多问题还似懂非懂，但五官是什么，小男生和小女生有什么不同，宝宝是怎么来的，这些她都明白了。

在小樱桃4岁左右的时候，她已经能够完全自理，有时候，还会帮着小妹妹把衣服整理好，带小妹妹上厕所。午睡起床时，会帮助比她小的小朋友穿上衣服，系好扣子，帮助他们穿鞋的时候分清左右。通过帮助别人，小樱桃的生活自理能力更加熟练了，而且在这一过程中，她也学会了关怀别人。

其实，小樱桃之所以会有这些表现，与我们在平时生活中适时的鼓励和评价是分不开的。孩子需要鼓励，正如植物需要水，没有鼓励，他们就无法生存。对于这个年龄段的幼儿来说，他们已经有了自主意识，大多数孩子已学会并乐意游戏，也非常喜欢与他人交往。我们做家长的，如果适时鼓励孩子按照自己的方式去做力所能及的事，那么，他们就会逐渐产生自信和自主感，更加积极地从事力所能及的活动。当然，这对引导并帮助孩子正确认识自我是很有意义的。

帮助孩子认识自我，继而学会自我评价，不仅需要做父母的学会正面管教，更离不开对幼儿自尊心的满足。

孩子的成长需要各式各样的体验，当然，他们也会为此不停地犯各式各样的错误。不过，孩子原本就是在不停地犯错中成长。小樱桃三四岁的时候，跟多数孩子一样，心就像玻璃一样脆弱而敏感，那时的她，犯了错误会感到羞愧，怕别人讥笑，不愿被人当众训斥。我很清楚，三四岁的孩子正处于自尊感开始萌芽的时期，而自尊感又与幼儿的能力和对自身能力的认识有关。当幼儿的自尊需要得到满足，将会感到自信，体验到自我价值，从而产生积极的自我肯定，而且孩子大胆地进行各种尝试时，也是在不断地丰富自己的生命，并在这种体验中逐渐认识真实的自己；反之，则会出现压抑、焦虑与同伴不能友好相处等情况。

所以，为了帮助小樱桃满足自尊心的需要，在给她布置房间时，我会征求她的意见，问她喜欢什么样的小床，喜欢什么颜色的窗帘，喜欢把玩具放在哪里……让她觉得自己受重视，自己的意见受到了关注。可以说，在这段时期，当孩子问问题时，我们用什么态度来回答他，当孩子兴高采烈地告诉我们，他遇到好玩、有趣的事情时，我们用什么样的心情来响应他，恐怕此时，再没有比这件事更重要了。

说给菜鸟妈妈听

三四岁是孩子自我认知、自我意识初步形成的时期，也是提升内省智能的重要时期。最初的时候，当小朋友们在一起玩耍的时候，孩子会不厌其烦地说："这是我的。"其实这是孩子自我认识的开端。此外，在这个时期，孩子还会有这样或那样的疑问："我的五官有什么用？我的身体是什么样的？"

然而，面对这些情况，很多父母会把孩子的种种行为和捣乱画上等号。其实，内省智能是一个人了解自我、分析反思的能力，也是建构正确的自我知觉的能力。所以，此时的孩子才会对自己的身体、自己的事和物越来越感兴趣。

> **智慧小博士**
>
> "我"的掌握和使用使幼儿把自己这个客体的人转变为主体的"人"来认识，最终形成了自我意识，并由此进一步发展起自我评价，产生自我情感的体验。

这种时候，作为家长应该尊重孩子的这些问题，并设法用最有趣、最明了的办法来解答孩子的疑问。我们都知道，小孩子大多喜欢画画，喜欢玩橡皮泥。所以，每当孩子画完画、玩过橡皮泥后，你不妨这么跟他聊聊："你为什么画这个东西啊？""咦，你怎么用这种颜色的蜡笔了呢？""咦？你为什么把橡皮泥捏成这个小动物呢？""你觉得哪里画的好看呢？"可别小看这些提问，它们可以帮助孩子对自己的游戏过程和游戏中的行为进行回忆和总结。当然，游戏的时候，也切记不要用取笑的口吻来讽刺孩子的涂鸦，否则的话，极易伤害孩子的自尊心哦。

也许，一提到这个话题，不少父母就会叫苦了："孩子在绘画或游戏过程中，总会遇到挫折，而这种时候，又是最让我们头痛的了。"其实，任何时候，父母的鼓励和引导、和孩子一起解决问题永远都是最有效的解决办法。比如，当孩子把积木搭得很高很多的时候，却突然倒塌了，小孩肯定很伤心，这时父母不妨问问孩子："它为什么倒了？要怎样搭，它才不会倒？"然后父母再耐心地与孩子重新搭建积木。切记，搭建过程中一定要耐心地解说正确的方法。

　　此外，角色游戏对内省智能的提高也是非常有帮助的。比如，家长可以和孩子一起玩娃娃家、小医院、美容院、小菜场等游戏。在和孩子玩娃娃家的时候，父母和孩子的角色可以互相转换，这样孩子就会尽量体验父母的感受，而且互换角色的玩法，也会让孩子有不同的心理体验。要知道，换个角度看自己在提升孩子内省智能中有着同样的积极作用。"我"和"角色人物"是儿童认识自我的一个途径，能使孩子直接感知自己扮演的"角色人物"是不同于"我"的。

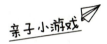
亲子小游戏

　　为了帮助孩子自我意识的形成，这里再推荐一个《认识自己》的小游戏，非常适合3~4岁年龄的孩子。

　　开始游戏喽：家长先准备好空白的纸或名片以及彩色笔，再在空白纸上画上五官、四肢和身体各个部位；接着，让孩子站在镜子前，照照脸，再照照手；然后，家长再让孩子找出画着他看到的东西的纸来。

　　再叮咛几句：这个游戏给孩子创设了自我认识的情境，可以让他们在快乐的情绪中去感知自己身体的各个部分。当然，也可以让孩子画画爸爸妈妈，看看画出来的东西和自己是不是一样。

6. 进入身份确认的敏感期（4岁~5岁）

在孩子的成长过程中，他们总会给自己一个又一个身份。作为家长，你是质疑孩子的想法，还是阻拦孩子的行为？学会接纳、学会尊重、学会理解，帮助孩子构建自我，爱的路上才不会有障碍。

聪明妈妈私手记
by 天天妈妈 👣

天天4岁半时，自从看了动画片《西游记》，他动不动就会模仿里面的孙悟空，一手叉腰，一手高举金箍棒，摆出一副斩妖除魔、伸张正义的样子。有时，快要吃饭了，我们叫他："天天，吃饭啦！"天天要么是装作没听见，要么就会"礼貌"地对我们说："我是孙悟空，叫我齐天大圣。"天天不仅是孙悟空的忠实粉丝，对奥特曼的痴迷程度也让我们不可思议。每天去幼儿园，他都要穿着印有"奥特曼"标记的衣服，背着印有"奥特曼"标记的书包。

天天的行为令我有点捉摸不透，后来，和同龄的爸爸妈妈们交流多了，再加上自己做了好多功课，才知道，原来这是孩子进入了身份确认的敏感期。

关于这一点，育儿专家是这么说的：这是幼儿自我认知智能发展过程中的正常现象。在孩子3岁以前，如果父母哪怕是一秒钟不在他们身边，他们便会顿生焦虑和被遗弃的恐惧感。然而，当孩子到了4岁左右，随着空间活动能力的不断增强，父母不在身边的时间也越来越多，但是他们仍然像以前一样是那么地需要曾经的那种安全感。于是，这种时候，孩子会逐步建立起一个关于自己内心的形象，并逐步给自己定位，而一直陪伴孩子长大的动画片和文学作品中各种各样的形象就极大地帮助孩子完成这一"任务"。当然，这一过程也会影响孩子与自我的关系及与他人的关系，在自己的内心建立一个稳定和持续的自我形象，确定对自己能力的自我评价，确立自己的自信心。

不过，一段时间后，我又发现天天的偏食现象越来越严重，无论在幼儿园还是在家里，只要餐桌上没有肉，他就放下筷子甘愿饿着，而大人精心准备的各种绿色蔬菜，他是连看都不愿意看一眼的。更可气的是，这个小家伙还为自己的行为找了一个理由："奥特曼就只吃肉，吃肉了，他才有力量去对付坏人。"

"这么小就懂得狡辩了，现在正是长身体的时候，这样下去可不行。"这时，我又想到了育儿专家的建议，这种时候，如果父母能够恰到好处地借助偶像的力量，就能很好地帮助孩子培养好习惯、纠正坏毛病。于是，我和天天爸一起想了个主意。

一天，我们像往常一样，张罗了有荤有素的几道菜，等到天天爸把蚝油生菜端上桌的时候，我故意说："好新鲜的蔬菜啊。"边说边动筷子，还一个劲儿地夸奖这菜好香好香。可是，天天根本无动于衷。

后来，天天爸语气自然而又不失神秘地对我说："听说那些神通广大的大力士都是非常喜欢吃蔬菜的，哎，知道那个奥特曼吗，他也是靠吃蔬菜来增加力量的。"我也在一旁附和着："是吗，我听说大力水手最爱吃菠菜了。"

听我们俩这么一说，天天将信将疑地看着眼前的蔬菜，小心翼翼地用筷子夹了几根放进自己的小碗。

看天天还在犹豫，我马上又不动声色地说："天天爸，你知道吗？蔬菜里含有丰富的营养素，怪不得那些大力士吃了它们能恢复神力、打败怪兽啊。"

这时，只见天天毫不犹豫地把蔬菜放进嘴里，皱起的眉头也舒展开了，还很认真地对我说："奥特曼爱吃的东西味道就是好吃。"

🐤 说给菜鸟妈妈听

在孩子的成长过程中，他们总会给自己一个又一个身份，而一直陪伴孩子长大的动画片和文学作品中各种各样的形象就能很好地帮助孩子完成这个"任务"。在这里，有高大威猛的、有伸张正义的、有除恶扬善的，当然也有胆小怕事的。当孩子开始迷恋某个或是某几个偶像，开始全心全意地模仿他们的角色时，其实，就是孩子对自我的塑造过程。于是，我们会发现有的孩子向往神通广大，说"我是忍者神龟"，"我是超人"；有的孩子喜欢美丽愿望，说"我是白雪公主"，"我是仙女"。更有趣的是，当孩子明确了自己的心中偶像，在接下来的日子里，一心想当超人的男孩会把自己全副武装，站在床上或是沙发上，似乎在捍卫和平；一心想当公主的女孩会把自己盛装打扮，说话温和轻柔，就连举手投足也变得温文尔雅。不过，无论孩子选择扮演哪种角色，作为家长都要懂得尊重和保护他们的需要，让他们自然快乐地成长这比什么物质给予都重要。

这个年龄的孩子开始比较清楚地意识到自己的心理活动。比如，当诱人的甜点放在他们面前，但是妈妈说了"暂时不要吃"，于是，他们会转移自己的视线或专心玩玩具而不去想蛋糕。不过，此时的孩子往往只能意识到心理活动的结果，而不能意识到心理活动的过程，更不能意识到其中的矛盾错误。比如，他们的自我评价常常依赖于成人对自己的评价。比如，当大人问他们"是好孩子还是坏孩子"时，他们的答案总是"是好孩子"；当大人再问到"为什么"时，又常会说"妈妈说的"或"老师说了，我是好孩子"。而且此时幼儿对自己的评价一般都过高，认为自己什么都比别人强，这些都是幼儿自我认知智能发展过程中的正常现象。

此外，这个年龄的孩子调节控制自己行为的能力还是比较弱的，在很大程度上，会受外界刺激和情景特点的制约。比如，画画时，他们一方面知道自己要画太阳和小鸟，但是对整个画面的设计却明显缺乏考虑。而且在这一过程中，他们极易受小朋友或其他刺激的影响，这也就是为什么相邻小朋友的画总是十分相像的原因所在。

在孩子的成长过程中，成功体验对其良好自我概念的形

智慧小博士

孩子在崇拜某一偶像并不断模仿的过程中也在不断地积累着未来成人时的人格特征。孩子在崇拜某一偶像并不断模仿的过程中也在不断地积累着未来成人时的人格特征。

成、自信心的培养是至关重要的。为此，父母可以多给孩子创造一些获取成功的机会，让他们体验胜利的喜悦。当然，面对孩子在挫折与失败中所犯的错误，也不宜过分责备，而应以适当的方式帮助他们分析原因。其次，与小伙伴的交往也是此阶段孩子获得良好自我意识的重要条件，因为幼儿在与小伙伴的交往过程中，会不断地获取有关自己的信息，为了保证交往的顺利进行，也要学会调节控制自己的言行。最后，家长对孩子的评价也应尽量客观。表扬要恰如其分，批评不能当着他人的面，以免损伤他们的自尊心和自信心。

亲子小游戏

　　帮助孩子掌握和身体有关的一些英语单词，可以引导他们在认识自己的基础上，学会欣赏自己、喜爱自己。下面这个《我是男（女）孩》的游戏就值得借鉴。

　　开始游戏喽：家长问孩子："你是男孩子，还是女孩子？"如果孩子答"我是一个男孩子"，爸爸就把他举过头顶说："对，你是说'我是一个男孩子，I'm a boy. I'm a boy. I'm a boy'。"如果孩子答"我是一个女孩子"，妈妈就把她搂在怀里说："对，你是说'我是一个女孩子，I'm a girl. I'm a girl. I'm a girl'。"

　　再叮咛几句：这个游戏能帮助孩子认识身体的各个部位，了解相应的英语词语。

7. 必要的竞争意识（5岁~6岁）

宝宝的竞争意识与其内省智能紧密相连，幼儿期是宝宝内省智能发展的关键期，也是竞争意识的萌芽期。为了帮助孩子清楚地了解自己，作为父母，一定要给予正确的引导。

聪明妈妈私手记
by灿灿妈妈 👣

　　一个周末，我正在厨房收拾碗筷的时候，灿灿跑过来，小手拉着我的衣服，愁眉苦脸地说："妈妈，我好无聊啊。"

　　无聊？当时，我就心里一惊，仔细想了下，噢，大冬天的，女儿天天闷在家里，大概是出去玩得太少的缘故吧。想到这里，我就说："那好吧，我们请小朋友来家里玩吧。"

　　几个电话后，芊芊来了，苗苗来了，浩浩也来了。大家聚到一起，好不开心，这屋跑那屋，那屋又蹿到这屋。几个小淘气玩够了，又一起来找我要颜料："阿姨，带我们画画好不好？"

　　看着那一双双亮晶晶的眼睛，我忽然有了一个念头："好！我们来做个比赛吧。"

　　"怎么比？"孩子们昂着小脑袋，异口同声地问我。

　　"今天我们画蝴蝶，看谁画得最好！画得最好的，奖励一块巧克力。"

　　话刚说完，孩子们就"哇"地一下欢呼起来，马上投入各自的创作中。一会儿工夫，几个毛茸茸的小脑袋瓜就俯在桌面上，摆出一副聚精会神的样子。那场面，简直是可爱又壮观啊。

"阿姨，我画好了！"芊芊第一个画好，有模有样地举起了手。

"阿姨，我也画好了。"紧接着，浩浩也画好了。

"我也画好了，妈妈。"女儿灿灿也举起了小手。

就这样，几个小朋友依次把手里画的蝴蝶让我看过了，就在这时，我突然发现乖乖女苗苗还在那里不紧不慢地细细涂抹。很显然，此时的苗苗早已忘记了这是一场比赛，正全身心地沉浸在涂鸦的快乐中，那种浑然忘我的状态连我这个大人都备觉惊讶。最后，直到苗苗把差不多整张画纸都涂满了，才把她的画举起来让我看："阿姨，你看，我画得好不好看？"

这时，当我看着一张张摆在我面前充满稚嫩孩子气的涂鸦作品，简直让我无法取舍。不过，我还是灵机一动，学着《智慧树》里红果果和绿泡泡的样子，给每个小朋友发小橘子以示奖励："芊芊，你是今天的速度宝宝，画得最快；浩浩，你是今天的聪明宝宝，知道在蝴蝶旁边画一朵漂亮的小花；灿灿，你是今天的可爱宝宝，你画得非常认真。"然后，我又举起一块巧克力，对苗苗说，"苗苗，你是这次比赛的第一名，你是今天的智慧宝宝，你画的蝴蝶非常非常棒，这块巧克力属于你！"苗苗拿着那块巧克力，高兴极了，一下就撕开包装纸一口吞了下去。这时，芊芊"哇"了一声，失望至极的她竟然给哭了。

"别哭别哭，我们再来比赛，这次我们画小蜗牛！"

"嗯！"顿时，几个孩子的眼睛又亮了起来。

那天下午，一群小伙伴在我家里，一次又一次地比赛，一个又一个地轮流体会"第一名"的感觉。我也牺牲了好多块巧克力，可是却收获了许多许多兴奋的笑声。

说给菜鸟妈妈听

在玩耍这件事情上，也许不少做父母的会有这样的顾虑，自己的宝宝和小朋友玩耍，磕着怎么办，打架怎么办，染上坏习惯怎么办。可是实际情况却并非如此，当我们的宝宝和小朋友在一起时，他们可以迅速成长，种种能力都会得到加强，自我认知能力的提升就是其中之一。

宝宝从3岁左右起，竞争意识就在他们的头脑中萌芽了。这时，无论家长是否明确告诉他们什么是比赛，孩子们总会有意无意地不停和身边的人参照，然后，在反反复复的比来比去中，评价别人和自己。到了3岁以后，形形色色的比赛更是孩子们最爱玩的游戏，在大大小小的事情中，无论是什么，孩子们只要能分出胜败输赢，他们都会十分乐意参与。

尽管参与竞争的孩子们都很清楚，所有的游戏只能有一个第一名，但是孩子们依然会不管不顾地比一比、试一试，并为结果开心或是沮丧。事实上，孩子们就是在一次次的比赛中，逐步认识自己和别人的能力，也逐步学会面对压力，学会展现自我，学会接受失败和成功。

可以说，宝宝的竞争意识与其内省智能是紧密相连的，幼儿期是宝宝内省智能发展的关键期，也是其竞争意识的萌芽期。在游戏的竞争过程中，孩子会清楚了解自己，知道自己能做什么、可以做什么，而且竞争的体验也会让他们拥有与别人区分开的、独特的、私有的经验，而独立

智慧小博士

有竞争就会有胜败，细心的父母要及时观察孩子的情绪变化，给予恰当的心理疏导，让他们知道这一场的成绩不会决定下一场的输赢，不要把结果放到心上，调整自己，玩好下一轮比赛才是最重要的。

的人格恰恰是在此基础上建立起来的。所以说，要想让孩子身心健康地成长，给他们选择好的玩伴很重要。有小伙伴陪伴的童年不但会给宝宝带来愉快的回忆，而且也能让家长在孩子人生纯净美好的初期，培养他们许多受益终身的品质。

总之，育儿路上充满了大大小小的竞争，而竞争让孩子有了自己的经验，他们进而会根据这些经验来进行自我评价，这对孩子内省智能的发展有着极为重要的意义。

亲子小游戏

为了对孩子的竞争意识给予正确的指导，闲暇时，亲子之间不妨玩玩下面这个《小鸭跳水》的游戏。

开始游戏喽：事先准备四根筷子，较软的羽毛若干，记分牌，小方桌。全家人将四根筷子在桌子中央摆成一个正方形，当做"水池"；爸爸、妈妈和孩子各坐一边；游戏时，家长和孩子将下巴靠在桌子上，用嘴吹放在桌边的羽毛（当做"小鸭"），使其落入"水池"中。每成功一次得一分，得分多者为胜。

再叮咛几句：游戏时，羽毛只能吹一口气。通过这个游戏，可以培养孩子的竞争意识及思维能力，也有助于融洽亲子感情。

8. 给孩子自信（6岁~7岁）

自信是一个人走向成功的起点，自信的孩子能够主动与人交往，勇敢面对困难，大胆尝试新事物。让孩子变得更自信，就需要给孩子的心灵注入更多自信的力量。

聪明妈妈私手记
by响响妈妈

记得响响刚入学不久的一个下午，我去学校接孩子放学，顺便和班主任戴老师了解了一下响响进入小学一个月的学习情况。

谈话的时候，响响也在场。戴老师和蔼地和儿子说："你的画画得非常不错，我们大家都很喜欢。就是有些时候，写字反倒看起来不够认真，希望以后你在这方面，能够多多努力一下噢。"谈话后，戴老师还特意鼓励响响说："字代表的是一个人的形象，如果人长得漂亮，字写得丑，那该是件多么遗憾的事情呀。"

后来，在回家的路上，我还一个劲儿地在琢磨，该怎么和孩子就这个问题进行讨论和改善。可是，令我没有想到的是，响响那天写家庭作业的时候，字写得显然比往常慢了，而且认真多了、整齐多了。

此后的一天，响响放学后，告诉我的第一件事就是："戴老师表扬我了，她说我的字写得好，她还给我打了'优'呢。戴老师还说，如果我继续努力的话，还会写得更好咧。"

响响的进步令我很是惊喜，我真的没有想到孩子会如此认真地对待老师对他的反馈，看得出，在这件事情上，响响给自己施了压力，而且我也能感受到他是发自内心想要好好改正的。

这件事情让我明白了原来孩子的自我纠正能力竟然是这么的强。其实，我们做家长的，真应该从心底里相信孩子的认知能力，相信他们总会找到合适的方式取得令人满意的进步。当然，在这一变化过程中，我们大人还须用一些精挑细选的词语来激励孩子，这样他们才会感到自己真的做了很特别的事情，这样孩子的自我意识才会得到扩展："哦，原来我可以写好"。"哦，原来我能得优啊。"在这一变化过程中，我们大人还须仔细地去看、去听孩子所说所做的一切事情，当他们取得新成绩时，哪怕是一点点的进步，也要跟他们一起开心庆贺。做到这些，孩子就会知道他在进步，他的进取心得到了你的赞美和尊重，而这对帮助孩子不断提升自我认知和自我认同的能力又是如此重要。

说给菜鸟妈妈听

这个年龄的孩子正处于身心全面发展阶段，只有认识自身状况，确立完整的自我概念，知道自己在集体生活中的角色，才能使自己的行为适应教育环境的要求，发挥学习的主动性和创造性。

刚入小学的学生，还带有明显的幼儿期的特点，在思维活动方面，表现得特别明显。受认知发展水平的局限，这一阶段的孩子对事物的认识常常是片面的、简单的、肤浅的，甚至是错误的。对于很多学龄儿童来说，他们会从对事物外在表面上的认识，过渡到对事物内在联系上的认识。也就是说，能进行抽象的逻辑思维，而这一变化将影响儿童的整个心理活动，使他们的认识发生质的飞跃。但是这一变化是一个逐渐的发展过程，绝非一入小学校门就会自然发生。

不过，多数这个年龄的孩子，已获得了生活中必不可少的工具——语言、姿势、绘画、数字及其他有关的符号。利用这些符号工具，他们不仅能顺利与周围人交往，还能从中了解自己。为此，家长可以基于孩子的口语

> **智慧小博士**
>
> 说话和写话是小学低年级作文的特有形式，它符合刚入小学不久儿童的语言与思维发展的特点。

表达能力已有一定发展的前提，提高他们的认识能力。这是因为说话与写话的训练不仅能提高孩子口头和书面语言的表达能力，而且通过观察、思考、说话、写话，也能帮助他们正确认识事物，从而发展和提高孩子的认知能力。

同时，这个年龄的孩子已经能够有意识地把自己和其他孩子相比较，并常常公开批评他人，而且开始模仿自己喜欢或崇拜的人。这种时候，如果家长能够巧妙地利用这一点，通过树立榜样，而不是通过直接批评，可以很好地纠正孩子的一些毛病。

对于即将进入小学的孩子，做好心理适应的准备就显得尤为重要。建议家长要适时地鼓励孩子，为他们创造条件，使其在实际经历中体会到成功是自己努力的结果。要知道，孩子自我认知智能的发展受其学业能力、交往能力、同伴以及父母的态度等多方面因素的影响，而家长在这些方面给予孩子恰当的引导、帮助，无疑是培养孩子自我认知智能的关键。

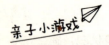
亲子小游戏

陪孩子一起玩，不仅可以拉近亲子之间的距离，还可以增加孩子的自信心，使其心理更健康。下面这个《投投硬币》的游戏就有这样的效果。

开始游戏喽：家长先准备一个旧杯子和30枚硬币，并把杯子放到空旷的地方；然后，家长和孩子坐在离杯子约1米远的地方，先由爸爸示范，一次投一枚硬币，接着是妈妈，再是孩子。全家人比一比，看看谁往杯子里投的硬币最多。

再叮咛几句：这个游戏会让孩子明白勤于练习和努力拼搏，会使自己变得更有自信。

第四章
陪孩子享受探索的乐趣
——抓住孩子视觉空间能力发展的7年黄金期

空间智能是人的眼睛对于线条、颜色、形状、立体感和

空间关系的敏感度，以及能不能将眼睛所接收到的各种

讯息在脑海中呈现出来。而视觉空间智能则融合了观察

力、美感、空间感、方向感等多种元素，直接决定着孩

子未来想象力和创造力强弱。

1. 看看宝宝眼中的世界（出生~1岁）

每个宝宝都对颜色有着天生的敏感，通过认识色彩、感知色彩，宝宝也在一天天地成长着。还犹豫什么，让我们和孩子一起欣赏并享受色彩描绘的这个美丽世界吧。

聪明妈妈私手记
by小璇子妈妈

　　我家小璇子刚出生时，我和璇子爸就为她精心布置了一个温暖的"小窝"——小床上方挂着一个色彩斑斓的大气球，床头摆了好多可爱有趣的小玩具，床围还有色彩缤纷的各种画片。跟很多年轻的父母一样，我们当初只是觉得这样一个视觉刺激很丰富的环境，一定会促进小宝宝的智力开发。

　　然而，入住"新窝"的小璇子好像对这个"小窝"并没有多大兴趣，她甚至都懒得看上几眼，反倒是对挂在卧室墙上的一只黑白相间的时钟情有独钟，这又是为什么呢？

　　原来还是我们用心不够，当我们重新翻开那些早些时候买的育儿书时，才发现原来在小宝宝刚出生的0~4个月里，他的视觉还不敏锐，看到的色彩、形状大多是模糊一片的，对于1岁半到2岁半的宝宝而言，对黑白对比强烈、亮度高的图案或物品，会出现明显反应，并且由于最早接触的是妈妈的乳房，所以，更偏爱靶心图像。这时，我和璇子爸才恍然大悟，婴儿刚出生时，就算我们在他面前摆放再多的色彩也是徒劳的，这些过度刺激说不准还会让宝宝变得烦躁不安呢。

有了这次经历，我和璇子爸赶紧采取有针对性的措施，我们是这样做的：

先是把床围的图片换成黑白的，从几何图形、黑白的人脸图案、黑白靶心到棋盘图形，只要我们能想到的都做了尝试。

减少床饰摆件，悬挂物的色彩避免过杂过多，这样小璇子一睁开眼，就能看到有一个彩色的环境了，这一次，我们专门挑选了红、黄、蓝这个三原色。因为书上说，婴儿对色彩的认知是从饱和度最高的三原色——红、黄、蓝开始的，它们易于辨认，半岁以后是橙、绿、紫等。

此外，借鉴专业书的建议，我们还时不时地把之前准备的各种黑白图片放在小璇子正前方（距眼睛25厘米处）。当她注意到这些图片后，就缓慢地水平或垂直移动，吸引小璇子追视，增强她对黑白色调的敏感度。

4个月之后，小璇子随着视觉神经的发育，对彩色的东西变得更加敏感了。这时，她进入了视觉的色彩期。为此，我们会随时随地都利用日常生活中的一些物品来开启宝宝对色彩的认知。比如，当我用黄色的小毛巾擦小璇子的手，我会边擦边说："黄毛巾擦小手。""戴上红色的小帽子。""穿上蓝色的小手套。"如此这么随口一句，对宝宝都是一种信息刺激。这时，我还给小璇子布置了一个更加多彩的环境，将之前的黑白图片替换成这个月龄宝宝更偏爱的那些比较大的彩色几何图形。房间里还会挂些彩色气球、吹塑玩具之类，并时不时地更换一下，让小璇子感受到不同的色彩。

虽说这时候的宝宝还不会说话，但是生活中到处都有机会，可以教他们有关色彩的概念。除了这些，我们还经常带小璇子走出家门，认识外面那个多彩的世界。让她观察红绿灯的变化，欣赏绿草鲜花、蓝天白云，领略湖光山色、秋叶冬雪……就这样，每一天，家里都充满了欢声笑语，其乐融融。

🐦 说给菜鸟妈妈听

视觉空间智能的发展萌芽于婴儿期。通常，当婴儿能够区分周围的各种面孔时，其空间智能就开始萌芽了。研究表明，新生儿早在襁褓中时，是可以看到东西的。尽管此时婴儿的视觉能力有限，但仍对两件事情非常敏感：人的面部和运动的物体。刚出生2天的婴儿可以分辨人的脸和其他形状，他们看人脸的时间比看圆形或不规则形状的时间长。而且婴儿刚出生时，如果把人脸放在他面前20厘米，你会发现宝宝的眼睛在动，面部的表情也在变化。另外，婴儿出生后几个小时，就可以同时把两只眼睛聚焦在同一物体上，并能随着物体的运动跟踪物体。

婴儿三四个月时，颜色视觉的基本功能已接近成人，能够区分不同的颜色，而红、黄、绿、橙、蓝更是他们偏爱的颜色。

婴儿6个月前，对物品形状和颜色的感受会越来越强烈，尽管此时还不认识何谓红色、黑色，不过能清楚地知道这些颜色是不同的，所以，家长平时不妨多和宝宝玩色彩游戏。婴儿8~9个月时，会有目的地看，对颜色的认识能力也逐步增强了，尽管还不会表达。这时，家长为了帮忙宝宝认识色彩，可以给他们挑选一下能够发出

> ### 智慧小博士
> 红黄蓝绿以及黑白对比强烈的玩具最能吸引这个月龄宝宝的注意，而粉红、粉蓝、自然色等色彩刺激则明显不足，不适合视觉启蒙的初期使用。

声响的彩色玩具，如摇铃、音乐盒等，也可以为他们选择一些印有彩色图案的布书、撕不烂的书等。

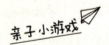

亲子小游戏

为了培养宝宝色彩认知的能力，不妨做做下面两个小游戏。

【游戏1：认识左右的双手律动】

开始游戏喽：家长边给宝宝唱儿歌，边指导宝宝根据歌词做动作，分别举起宝宝的左右手。儿歌内容是："这是我的右手举高高，这是我的左手碰天空，左手、右手，拍拍拍，右手、左手，好兄弟！"

再叮咛几句：通过双手的摆动，可以引导宝宝练习双手的灵活度，同时也能进行方位的认知。这个游戏适合6个月以下的宝宝玩。

【游戏2：飞舞的萤火虫】

开始游戏喽：家长先在事先准备的纸板上剪出一只小虫的形状，用透明胶

把小虫粘到手电筒上；家长和宝宝一起待在房间里，关掉电灯；家长打开手电筒，让灯光照在宝宝身边的墙上，并不停地移来移去，吸引宝宝的注意，鼓励宝宝去抓住"萤火虫"。

再叮咛几句：手电筒的投影是动的，而这恰恰是吸引宝宝注意力的一个重要因素，游戏中，宝宝的视觉会随着电筒光亮的转移而转移，从而视觉能力得到发展。这个游戏适合9个月～1岁的宝宝。

2. 色彩启蒙启动啦（1岁~2岁）

谁不爱看色彩缤纷的世界呢？然而，要想提升宝宝的视觉空间智能，从色彩启蒙入手，无疑是一条捷径。

聪明妈妈私手记
byo都都妈妈 👣

　　回忆起儿子嘟嘟对色彩的认知，大概要从一岁半时算起，从那个时期开始，嘟嘟能够准确地感觉颜色的不同，而我对他的色彩启蒙也就正式启动啦。

　　要说嘟嘟从什么时起开始懂得分辨颜色了，还要从他最感兴趣的食物说起。小宝宝吃东西都有一个过程，刚开始的时候是心急如焚，一副狼吞虎咽的样子，吃得饱饱了，又开始拿食物细细地"把玩"。当嘟嘟进入玩食物的阶段时，我们母子俩就开始颜色的认知啦。"西瓜瓤，红色的。""香蕉皮，黄色的。""香蕉芯，白色的。"

　　平时带嘟嘟出去溜达时，他也会把自己喜欢的通通指给我看，而我当然会趁机把能认到的颜色都说给他听："看，天空是蓝色。""树叶和小草是什么颜色？是绿色。""这个楼房有红色的外墙。"

　　就这样，一路走来，一路看，顺应嘟嘟的目光和他的小手指，只要是孩子感兴趣的种种事物，我总会潜移默化地进行一番解说。

　　当说说看看进行得差不多，嘟嘟就要由妈妈领着玩涂鸦了，当然是专门涂那些重点给他看过的、颜色单一的事物，比如蓝天、白云、黄橘子和红苹果——初学涂鸦，最好画宝宝熟悉的且颜色单一的事物，这对宝宝来说容易上手，也好产生成就感。

不过，当嘟嘟玩涂鸦时，他对色彩的指认却并不是那么明朗。他能挑出红色画花朵，却告诉我这是绿色；或是他能挑出黄色画香蕉，却告诉我这是黑色。唉，听到这里时，差点让我晕倒。

后来，嘟嘟的这个"糊涂症"还犯了好一阵子，看实物、看颜料、看卡片，都不管用，他还是没法把颜色与名称对应。令我没有料到的是，之后的一天，一个个波波球竟然改变了这种局面。

这事还得从几个月前的早教园说起，这个早教园其实就是小区附近超市二楼的一个亲子游乐场所，嘟嘟最喜欢玩那里的波波球，每次他从滑梯下来，一头扎进波波球中时，就会使劲地钻啊扔啊，那高兴劲儿简直比吃了蜜还要甜。

跟周围一起陪孩子来玩的爸爸妈妈一样，这种时候，我也趁机拿着不同颜色的球来让他看，学习认识颜色。不过很多时候，我常会看到这样一幕：当这些宝宝没有答对时，身旁的爸爸妈妈问上几遍就失去耐心，冲孩子大吼："你怎么不长记性啊！说了多少次，你都记不住！"

如此大的吼叫声，想让嘟嘟听不到都难。这种时候，他总会担心地看着我，小声地说："妈妈，你别生我气。"看得出，在这种恐惧中，嘟嘟对色彩辨认充满了抵触。

后来，这样的恐惧场面我们又经历了几次，最后一次，我当即作决定——干脆在家玩波波球好了。没想到，这个计划很顺利地就实现了，每次投篮前，我都会很随意地先问问嘟嘟："你要什么颜色的波波球啊？""我要红色！""还要黄色！""还要蓝色！"

简直太令人惊喜了，嘟嘟竟然在很短的时间里认准了所有波波球的颜色，不是一种，而是红、黄、蓝、绿、紫和橙六种颜色。

有了一次小风波，更让我确信轻松的家庭环境才会让宝宝感到安全与愉快，而这时他们才更容易接受新的知识。

🐤 说给菜鸟妈妈听

每个宝宝对颜色都有着天生的敏感，从黑白到多彩，这中间的每一步都是

智慧小博士

宝宝小的时候，为了促进其视觉空间智能的发展家里的物品摆放要有序，这样宝宝才会得到视觉上的享受，心情也会变得更愉悦。

宝宝开启心智的过程。为此，让生活环境充满丰富色彩，对于宝宝的成长有着非常重要的意义。把自己的小家改造成充满乐趣的色彩学堂就是一个好点子。

比如，出现明显的分区。有着嵌进整面墙的书架的书房，是学习区；有着许多绿色植物的光线明亮的阳台，是种植区……这种分区的做法会让宝宝产生空间转换的概念，慢慢习惯在固定地点做固定的事。比如，让每个分区都有自己的主色彩。客厅是纯净的白，餐厅是暖暖的浅黄，卧室是温馨的紫，阳台是健康阳光的绿，等等。这样当宝宝身处不同空间时，就会在视觉上得到良好刺激，分别不同色彩的同时，也在分别不同的场景。

随着孩子的生长发育，在这个年龄段，我们会发现此时的孩子能够熟练地爬，开始蹒跚学步，而且对周围的任何事物都充满好奇。为此，家长可以给孩子创造一个安全的爬和学走的环境，多鼓励他们爬和走。渐渐地，在宝宝摸索爬与走的过程中，他们对空间的意识也会更加明确。

这个年龄的宝宝已经有了初步的方位感。在熟悉的环境中，他们能根据大人的指令，比如，当大人说"在阳台上""在床底下""在衣柜里面"时，他们会迅速地找到相应地点的东西。为此，家长可以充分利用这种各就各位的方法来提升宝宝空间的秩序感。比如，家长平时要把宝宝的用品和玩具放在固定地方，这样宝宝就会建立起物品与空间之间的定位关系，进而学会用各就各位的方法建立空间秩序感。如果哪天大人发现物品不在原处了，就与宝宝一起玩一个"让迷路的玩具回家"的游戏。

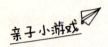

亲子小游戏

游戏是宝宝主要的，也是他们最喜爱的一种活动形式，下面这些游戏就可以很好地培养这个年龄段宝宝的运动智能。

【游戏1：找东西】

开始游戏喽：家长先准备一个大纸盒和一个空罐子，把宝宝感兴趣的两件物品分别放在纸盒和罐子里，然后让宝宝去找其中的一样。如果宝宝完成得很好，大人还可以再增加一个物品和相应的容器，3个玩具一起玩。

再叮咛几句：家长放物品的时候要当着宝宝的面，这个游戏有助于训练其观察力。

【游戏2：走书梯】

开始游戏喽：家长用书和杂志搭成一级一级的楼梯（台阶高度视宝宝能力而定），让宝宝在上面走。

再叮咛几句：这个年龄段的宝宝特别喜欢爬、走楼梯，这个游戏可以帮助他们练习走楼梯的动作，并体验不同高度的楼梯。为了安全起见，家长可以牵着宝宝的手，或是让宝宝倚靠着你，帮助他保持平衡。

3. 视觉智能的进一步训练（2岁~3岁）

孩子两岁之后，视觉空间智能有了进一步的发展，鼓励他们从远处望一望、走近看一看、用脚踏一踏、小手摸一摸，总能潜移默化地培养孩子的视觉空间智能。

聪明妈妈私手记
by帅帅妈妈 👣

我家帅帅在2到3岁这个阶段，开始对建筑物感兴趣了，从他的小朋友们来家里玩耍时，那些热衷于搭积木的交流中，就可以看出些端倪："我搭一个城堡！""我搭一座大高楼！""我要做个院子。"

既然孩子如此喜欢，那么，在带他出去玩的时候，干脆就索性领引他去看看各种建筑物吧，这不正好培养了孩子的观察能力、视觉空间能力吗？

那段时间，帅帅和他的小伙伴浩浩、悠悠都爱上了公园里的一座小桥，每次三个"小家伙"一起去公园，都要到桥上来回地跑好几趟。这是一座用普通水泥做的桥，平平的，就像铺在水上的路一样，偏偏就是护栏有些低（相对孩子的身高而言）。每当看着孩子们"呼"地一下跑上去，我的心仿佛也跟着回到了无忧无虑的童年，可是心里还不免要担心孩子会不会有个磕碰，于是，只好假装很平静地跟在他们身后，唠叨两句："小心啊，别使劲跑。"后来，真是老天保佑，孩子们没多久就爱上了一座新的石拱桥，这里极高的安全系数也让我那颗悬着的心终于落地了。

其实，帅帅对建筑物的兴趣还得源于他对空间的敏感度。早在帅帅刚满2岁时，我发现他非常喜欢探寻身边的小角落。一天里他会数次拿着钥匙去插锁孔；喝酸奶时会反复地把吸管拔出来再插进去；每当他在墙上发现一个洞眼儿，也会兴奋不已地往里面塞东西；每次进卫生间都要探头去看看马桶里的下水道；在户外看到水井盖上的洞洞，总会将小东西从洞眼儿里塞进去。再后来，不单单是锁孔、墙角、下水道这些小角落，只要是有孔的地方，帅帅都要研究研究。

每次当我看到帅帅如此乐此不疲的工作劲儿时，总会不由得发出这样的感慨：处于探索空间敏感期的孩子简直是太有趣、太可爱了，而孩子的这些行为也的确是再正常不过的。他们正是通过反复地插东西、塞洞洞的活动来体验空间的存在，并从中感受跟以往大不相同的乐趣。这意味着孩子有了足够的灵活性，这样做不仅能提升了他们的动作能力，还锻炼了他们的手与眼的协调能力，同时也锻炼了孩子的手部肌肉，而且这对构建他们的专注力也是非常重要的。

为了满足帅帅探索空间的乐趣，我还会适时地给他讲点建筑物的特点或是典故什么。从古老的钟鼓楼到高耸入云的摩天大楼，从充满着生活气息的平房小院到雄伟壮丽的大教堂，几乎身边所能见到的建筑，我都会把它们当做一本本立体的大书，带着帅帅和他的小伙伴们尽情地畅游其中。

虽说孩子们多了，难免会唧唧喳喳，不好管教，但是一个孩子玩总比不上一群孩子在一起玩来得过瘾，而且其中效果也的确可圈可点：孩子们熟悉了高和低、前和后、里和外这些方位；认识了圆和方种种形状。而且在对各种建筑物的细致观察中，也极大地提升了孩子的视觉空间智能。那些独特的造型、和谐的色彩搭配，也有助于帮助孩子在心中形成一种美感。

那段日子，我和帅帅在一起时，除了研究各色各样的建筑，再讲讲关于它们的故事外，当我确定帅帅已经熟悉了这些建筑物的时候，还会鼓励帅帅把它们画一画。对小宝宝来说，要让刚刚会拿笔的他们把心里想象的一砖一瓦画出来，确实是件高难度的事情。不过，为了不让帅帅打退堂鼓，我还提前做了不少功课呢。事先编个情节简单的小故事，场景就发生在我们要观察的建筑物里或它的周围；再把帅帅当做主角，让他熟悉的小朋友也参与其中。

事后，每当我回忆起母子俩一起玩涂鸦的场景，帅帅那嫩嫩的笨拙的笔触都深深地印刻着他一步步的成长历程。

说给菜鸟妈妈听

2~3岁孩子的空间智能发展主要表现为两个方面，一是理解空间，一是表述空间。对于孩子理解空间概念的第一步是家长要教他们跳、跑、爬等活动，从而开发孩子的肢体意识，而且还要引导孩子注意他身体各部分的位置，比如，"我的鼻子在脸的中间，我的脚指头在脚掌的末端"，并让他发现自己可以通过站立、坐下和爬行等动作改变身体高度和形态。渐渐地，孩子就能学会理解自己的身体和外界环境的联系，而且还会根据不同的指示来移动身体，比如，站立、蹲下、前进、后退和转圈等。

智慧小博士

当您在厨房准备饭菜时，可以让孩子来帮助，并用准确的词汇告诉孩子："把调羹从抽屉里拿出来，然后放到桌子上。"这些小活动有助于让孩子学着听从指示并且学会表明方位的单词。

当孩子在3岁左右时，就可以知道家里物品的摆放位置，知道到哪里去找毛巾，或是到哪里去找他自己的衣服。当被问及"你住在哪里"时，有些3岁左右的孩子甚至还可以回答出所住小区和街道的名字。

这种时候，为了更好地教导孩子学习空间概念，家长给孩子的指示要非常明确和详细。比如，当家长要求孩子去拿他的鞋子时，应该明确告诉他去门口鞋柜里找，而不是简单地说："去那边看看。"再比如，当孩子问家长："我的小汽车在哪里"时，建议家长说"在茶几最下面的抽屉里"，而不要仅仅用手一指了事。

此外，家长还可以让孩子多练习涂鸦，帮助他们建立大小、形状的概念，也可以跟孩子玩搭积木的游戏，培养孩子空间智能的概念。

亲子小游戏

亲子一起做游戏，孩子总会收获很多很多的快乐。下面这些小游戏不仅有趣，还能很好地培养宝宝的视觉空间智能。

【游戏1：分辨上下里外】

开始游戏喽：家长拿一个盒子，里面放一些小玩具，让孩子从盒子里把玩具拿到盒子外；家长再把盒子盖上，让孩子从盒子外面把玩具拿到盒子上面；家长再拿起盒子，让孩子把玩具放到盒子下面；最后，家长再打开盖子，让孩子把玩具从盒子下面放到盒子里。

再叮咛几句：这个游戏能让孩子分清上下和里外，通过动手操作，弄懂这些方位的名称。

【游戏2：分格子放衣物】

开始游戏喽：家长先把衣服从阳台上收回来，放在床上折叠，整理好后请孩子帮忙把衣服放进柜子里，并把每个人衣服分开放在不同的格子里。最后，家长再检查一遍，如果孩子归置得很好，就表扬他能干。

再叮咛几句：这个游戏既是分类的练习，又是空间位置的练习，对孩子是一种很好的锻炼。

4. 在玩耍中培养方位感（3岁~4岁）

有良好的方位感，知道自己身处哪里，是孩子的一种基本的生活常识，它能帮助他们准确地认识自己和周围事物，判断其中的相互关系。

聪明妈妈私手记
by航航妈妈 👣

现在航航已经3岁，他的方位感已经很好了。只要我带他去过一次亲戚朋友家，下次路过时，他总能轻而易举地指出来。

"你家孩子太聪明了！"当亲戚朋友知道航航的这个"本事"时，总会发出这样的感叹。

是航航聪明吗？我可不这么认为，在我看来，航航能做到的，经常在户外活动的宝宝们几乎个个都能做到。如果爸爸妈妈们平时多抽点时间拿游戏来做补充训练的话，效果会更显著、更管用呢。

其实，我家航航从5个月大开始，就时不时被我抱到外面玩耍了。渐渐地，等孩子大脑里积累了大量的视觉和空间形象，我就会将他的智慧网络延伸得更远，而生活中到处是培养孩子空间智能的好机会。

带航航看儿童话剧，买门票的时候，我会牵着他的手说："买门票的地方就在大门的左手边，让我们一起去吧。"

带航航去小姑家串门，下了地铁，走在半道上的时候，我会指指点点地告诉他："走过这个大超市，从小路绕到它的后面，小姑家就在最高的那座大楼上了。"

带航航去小区周边的公园时，我会兴奋不已地对他讲："看，从咱家出去，向右拐，一直朝前走，就可以到我们最喜欢的公园啦。"

这样的事例还有很多，总之，每次我带航航出去，在到目的地的这一路上，会经过哪里，该怎么走，要遇到哪些标志性建筑，我们进了什么地方，又出了什么地方，我都会一一讲给他听。

我的这些做法也曾遭到过很多同龄爸爸妈妈们的质疑："孩子那么小，哪里懂得了这些，跟他讲这么多，有用吗？"

为此，我总会坚定地告诉他们，其实，孩子的心灵有着很大的吸收能力呢。别看大人讲的时候，他们看起来很可能是漫不经心的，但是航航曾经的一个表现，却向大人证明了他有听，而且他听懂了。

那是航航3岁多的一天，我们一家人去远在外地的外婆家玩。对航航而言，外婆家是陌生的，他长这么大，这才第二次来。第一次那会儿，航航还是个嗷嗷待哺的小婴儿，哪里还记着事情。

在外婆家生活了几天之后，有天晚上外出吃饭后，表哥开车送我们回家，大家一路上正聊得热乎，而航航独自默默地看着车窗外。忽然，他用手指着外面大喊："那是外婆家，过了！"我们一看，真的驶过了老妈家所住的小区。这时，我们都惊讶地看着航航，表哥更是吃惊地说："小航航，你真厉害呀，这么小就能认路啦！"

到如今，航航不仅观察力更敏锐、方向感强，而且学习反应也很迅速。不过，这一切也离不开我们对他的精心训练。日常生活中，我总会对航航说"把玩具放到整理箱里""你的苹果在餐桌上"这样的话，其实就是在锻炼孩子的方位感。和航航一起玩游戏时，"藏猫猫"总是我们的必选项目。楼道里面、车库前面、大树后面，等等，在游戏中，可以形象生动地让孩子知道自己身处哪里，进而迅速地掌握各种方位词。

周末假日，我会带着航航去小河边、大海边，那里松软的沙土就是我们的好道具。在这里，我们会和航航尽情地玩挖地道的游戏，在掏、抓、铲这些动作中，不仅开发了孩子的大脑，而且地道的曲折也加强了孩子的空间想象能力。

总而言之，在教子育儿的路上，我始终坚信一点：对宝宝来说，外面的世界就是最好的早教老师。"到外面去"，无论从培养孩子的哪一项智能的角度来讲，都是对其最有效果的办法。

说给菜鸟妈妈听

这个年龄孩子的空间视觉智能比以前有了明显发展。在形状知觉发展方面，能正确找出相同的几何图形，但是对不同几何图形的辨认上有程度上的差异。同时，他们会用一些表达具体物件的名词来形象地称谓几何图形，比如，把圆形称"皮球"，把正方形称"手绢"等。

在空间知觉方面，从这个年龄开始，多数孩子能够辨别左右方位，在一张地图上，能够找出居住的城市、家庭的位置，而且能拼好切开的4~8块拼图，将圆形切为1/2或1/4，还能分清身体前后、左右、上下的不同部位，为此，细心的家长应抓住这些有利时机，培养孩子这几方面的能力。

搭积木游戏就是一个不错的选择。家长可以给孩子提供各类安全可靠的积木，让孩子在搭建中形成对前后、上下、远近等有关空间智能的概念。亲子一起玩积木时，家长还可以要求孩子把积木排列成一长排，并按大人的指示，依序将最远、最近、中间的积木取来，观察他能不能理解远、近、中间的概念。

平时生活中，家长还可以多带孩子去郊游，这样可以引导他们观察各种树木。比如，当人在山脚下时，眼前的树是高大且郁郁葱葱的，而山顶上的树却是那么渺小；当人到了山顶时，眼前的树长高了而山脚下的树反倒变矮了……在这种实际的观察比较中，也无形中把视觉空间概念种在了孩子的脑海中。

除了这些方法外，绘画也是培养孩子视觉空间智能的有效方法。这个年龄的孩子学画会经过两个阶段——无意阶段和有意阶段。涂鸦是无意地乱画，也是孩子学习掌握纸与笔之间关系的一个阶段，这种时候，家长可以引导他们从无意渐渐过渡为有意。比如，当孩子画一个圈时，如果是圆的，家长不妨替它安一个柄，并告诉孩子"这是苹果"一个小小的举

智慧小博士

引导孩子画画时，家长千万不要"指导"他应该怎么画，孩子画完画后，也不要批评他，只要让孩子解释他的画就好。必要时，家长也要给予细节上的提示，让孩子重新观察，并补充画面。

动，就会让孩子开心得不得了。慢慢地，孩子就会有意在自己的"作品"上描描画画了，这样就会使画画成为有意义、有目的的事，孩子在浓厚的兴趣中也无形中锻炼了空间视觉能力。

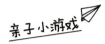

亲子小游戏

　　方向认知是孩子智力开发中的重要一环，这里介绍一些好玩的游戏，可以让孩子在游戏中快乐地发展他的方位认知能力。

【游戏1：描述房间布置】

　　开始游戏喽：在一张大纸上，家长让孩子画出房间的墙，并标出窗和门的位置。然后，引导孩子用相似的方法介绍他自己小卧室的内部陈设。

　　再叮咛几句：通过画地图、描述房间布置，孩子可以学会大量的方位知识。

【游戏2：说方位放玩具】

　　开始游戏喽：家长先准备各种动物玩具，让孩子把它们藏起来；家长再找一找，并说出孩子藏的方位，如门后、床下、被子里等；接着，家长再把玩具藏起来，让孩子找一找，并引导他说说从哪里找得到。

　　再叮咛几句：这个游戏既可巩固孩子对方位的认识，又可融洽亲子关系。

5. 让观察力得到提升（4岁~5岁）

美的环境能给孩子带来美的享受，家长平时多带孩子到色彩缤纷的户外，在提升其观察能力的同时，更能无形中提升孩子的视觉空间智能。

聪明妈妈私手记
by 美美妈妈 👣

　　一个晴朗的中午，美美在纸上画出了她人生中的第一个完成的"小人儿"：有头，有胳膊，有长长的腿，还有着大大的手和脚。从这之后，美美画人的兴趣大大提高了。虽说有时会缺胳膊少腿儿，但那也是孩子心里的"人"的样子啊，我这个当妈妈的自然要说棒了。

　　有一次，当我与闺蜜叶子聊起孩子身上发生的这些趣事时，她情不自禁地对我说："可不要小瞧孩子的观察力啊，他们的能力惊人着呢？"于是，叶子跟我讲了她自己3岁女儿身上的一件小趣事。

　　"妈妈，你看那个穿短裤的阿姨，她的腿多漂亮呀。"那天，叶子母女俩正在逛商场，看到这一幕时，叶子注意到女儿的两只眼睛正直直地看过去，这时，叶子赶紧补充："你说阿姨有几条腿啊？"

　　"两条。"小家伙干脆地说道。"对啦，阿姨有两条腿，妈妈也有两条腿，咱们每个人都有两条腿。"话刚说完，小家伙就看了看自己的腿，还可爱地摸了又摸。

　　听了闺蜜的这个故事，我极受鼓舞，又想出一些新方法，加深美美对"人"的认识。当我带美美一起出去玩的时候，我开始有意识地领着她观察行人。渐渐地，美美开始明白了，有的人头发乌黑，有的人头发棕黄，有的人皮肤白皙，有的人皮肤黝黑，而这些有趣的特点总会让孩子看得津津有味，兴奋时甚至还会大叫起来："哇，每个人和别人都是不一样的！"

　　这么看来，相比熟悉人体结构的过程，带孩子进一步挖掘每个人的特点竟然这么有意义。接下来，我又趁胜追击，把观察的目标转移到了公共汽车和地铁里，相比路上遇到的行色匆匆的路人，这里的人大多气定神闲，而且保持一个姿势的时间又比较长，可以让美美看得更仔细。于是，我选了一个错开上下班的高峰时间，带着美美上路了。当我们母女俩看着窗外的景色时，我会指导美美分辨季节，问她："大树的叶子是大的还是小的，是绿色还是黄色？人们都穿什么衣服？是薄的还是厚的？"然后，我又把注意力转到车厢内，让美美留神看，离我们最近的人有什么特点，留着什么颜色的头发，衣服是什么样式，拎着什么样的包，穿什么样的鞋，等等。

　　不过，在我引导美美观察别人时，必要的礼节问题也是格外要留意的。从小让孩子掌握礼节常识很关键，从小让孩子感受这个世界的美好更关键。

说给菜鸟妈妈听

　　这个年龄的孩子开始能辨别前后方位以及上下方位了，但是，对左右的概念还是会表现得很模糊，尤其对他人的左右更难掌握。当大人坐在孩子对面，并指示他"像我这样举起左手"时，他们很可能会举起右手。另外，这个年龄的孩子可以区分出熟悉物体的远近，不过，还不能正确认识较为遥远的空间距离，这一点在绘画中最能有所体现。

　　在视觉空间智能中，对形状的感知与运用也是一个重要内容。一般地说，这个年龄的孩子能正确掌握圆形、正方形、三角形、长方形、半圆形和梯形，其中，圆形是最易被掌握的。与孩子做游戏时，如果让他们把相同形状的物体找出来，通常会比较容易些，但是，如果按大人指示拿出相应物体。比如，拿出长方

智慧小博士

　　一个具备良好空间智能的孩子，通常在他小的时候就特别喜欢玩积木、玩拼图、走迷宫或是捏黏土等游戏。

形则很可能会比较困难，而让孩子自己说出物体形状，那就更难了。

4~5岁的孩子已经迷上拼图、立体拼图这些游戏，家长可以让孩子在自由拼搭中发展空间智能，这也是为什么这个阶段的孩子特别热衷于玩过家家游戏的原因所在。当孩子们替娃娃布置一个舒适的环境时，其实也是在发展自己的空间智能。为此，家长可以在家里设置一个小角落，让孩子自己决定要放什么东西，并如何进行装饰。

除此之外，带孩子逛街也是培养其视觉空间能力的好机会，这种时候，家长只要刻意多跟孩子说说话就行了。比如，经过商场外的玻璃橱窗时，问问孩子看到了什么，他最喜欢什么，离我们最远的是什么这些问题，之后再要求孩子用手指出来或是说出来。此外，家长也可以让孩子有机会从不同的方向行走来认识周遭环境。

亲子小游戏

在亲子小游戏中可以练习孩子的视觉空间智能，下面这些小游戏，家长万万不可错过哦。

【游戏1：跟着地图走】

开始游戏喽：家长事先收集一些住房附近餐厅或公共场所的名片或简介（要印有简单的位置图），并和孩子一起阅读、讨论怎么从家里走过去，沿路会经过什么建筑物和标识。

再叮咛几句：孩子参与这种游戏的兴趣会非常高，这也有助于培养孩子的成就感。

【游戏2：我住在这里】

开始游戏喽：家长平时利用闲暇时间，多与孩子在家附近散步，并介绍住家附近的环境，如，门口有邮筒、左边有饭店、右边有超商等。等孩子有了基础认识后，家长再和他一起画下属于自己的地图。完成后，再跟孩子一起拿着地图出门冒险去。

再叮咛几句：通过散步可以帮助孩子了解自家附近的环境，还可以进一步培养孩子对周围空间的观察力。

6. 看看、摸摸、闻闻、尝尝（5岁~6岁）

让孩子看看、摸摸、闻闻、尝尝，都是在锻炼他的注意、比较、观察和判断能力，而这对培养孩子的视觉空间智能更是至为重要。

聪明妈妈私手记
by小豆子妈妈 👣

儿子小豆子5岁多了，每次从外面玩回来，都会脏得像个小泥猴，可是他的小脸却溢满了光彩。看着他那开心、过瘾，甚至是得意的神情，还真是让我这个已经当妈妈的真想重新回到童年，痛痛快快地再玩一场。

可是，有一天，小豆子带着他的"小兄弟"小栓子从外面回来，还没见到人，大老远就听到孩子哇哇的啼哭声，等我跑出去时，刚好看到儿子正举着小栓子的手指，小脸涨得通红地朝我走来，边走边着急忙慌地说："妈妈，你快给小栓子看看，他的手指肿了。"话刚说完，小栓子就"哇"地大叫了一声。

看到儿子的小伙伴哭成这样，我赶快上去问："小栓子你怎么了？"

"蜜……蜜蜂咬我！"小栓子吞吞吐吐地说着。

"妈妈，小栓子让蜜蜂给咬了！"儿子担心我没有听到，又重复了一遍。说完，两个孩子就眼巴巴地望向我。

"哦，原来是这样啊。"我定了定神，觉得问题不是很严重，就边给小栓子准备消毒消炎工具，边安慰他们说，"不要紧，我帮你处理一下就好了。"

小豆子似乎很不甘休，在问题没有搞明白之前，他总是一副刨根问底的架势。于是，我又耐心地向他俩解释道："蜜蜂的肚子上有一根针，如果它认为有人要伤害它，就会用这根针狠狠地扎人一下。可是，这样的话蜜蜂也会很快死掉的。"听了我的解释，两个小男孩的脸上明显露出了些许的愧疚之情。看样子，他们对小蜜蜂的"壮烈牺牲"感到很惋惜，但是，脸上还是堆满了疑惑的表情。

于是，我又停下手里的活儿，带他们俩在小区花坛前捉了一只小蜜蜂（这可是我的"拿手绝活"，小时候的淘气顽皮也是出了名的啊），让两个小娃娃好好地观察了一下蜜蜂肚子上的针。

"哇！真有针！"当孩子们看到蜜蜂的"秘密武器"时，不由得惊叹起来，之后，我们又一起把这只蜜蜂给放掉了。

回家后，我又拿出缝衣服的小钢针让小豆子摸摸它的尖儿，并趁机提醒他："看，一定要远离蜜蜂，蜜蜂的针可比妈妈的针还要尖咧，扎一下可疼可疼了。"

"嗯。"小豆子小心地体验着钢针，点了点头。从那以来，当这对小哥俩在一起画小蜜蜂时，两个孩子都会争先恐后地在蜜蜂屁屁上用力地画几下，并不约而同地说："有针！"

后来，当我与一位从事教育工作的好友讲起这件"小事故"中藏着"大收获"的故事时，他用一种敬佩又赞许的眼神肯定了我的做法，还颇有真谛地总结了一句，"蜜蜂=有针"这个概念竟然如此容易地在孩子的头脑里形成了，你这可是给孩子们上了一堂发展视觉空间智能的好课啊。

原来这个"小插曲"从好友的专业角度看来，竟然是这样的：触觉会强化视觉的效果，让孩子对事物的观察能力得到加强，而这种进步对孩子视觉空间智能的发展乃至整个精神世界的发展，都是非常有帮助的。好友还补充说，不光触觉如此，味觉、嗅觉、听觉都可以强化视觉效果，使孩子的观察力更进一步。可以说，让孩子看看、摸摸、闻闻、尝尝，甚至是听听，都是在锻炼他们的注意、比较、观察和判断能力，而这一切又与智力培养密切相关。

好友的专业"点评"说得我都有点不好意思了，不过，通过这件事也提醒了我，在育儿路上，多陪孩子一起体验生活，成长的乐趣与力量真是无穷大啊。

说给菜鸟妈妈听

5~6岁这一时期，孩子的视觉空间智能又前进了一大步，能够利用明显的标记或路标对物体进行定位，并且开始学习利用较为复杂的标记了。为此，家长可以指导孩子去感受、体验行走的路线和认明标志物。比如，让他们熟悉去幼儿园的路图、看公园导游图等，从而更好地发展孩子的空间定位能力。

另外，为了促进孩子视觉空间智能的发展，还可以加强其感觉训练。要知道，触觉、味觉、嗅觉、听觉都可以强化视觉效果，让孩子对事物的观察更进一步。在这方面，蒙特梭利也认为，感官是心灵的窗户，感觉训练与智力培养是密切相关的。再加

> **智慧小博士**
>
> 为了进一步发展孩子的空间智能，家长还可以带他们去看话剧和舞台剧，通过观察戏剧舞台的设置，来发展孩子这方面的智能。当然，孩子兴味盎然时，也可以让他们模拟表演。

上，这一年龄的孩子正处在各种感觉的敏感期，所以，如果在这一时期对孩子进行充分的感觉活动，对其视觉空间智能的培养就更是尤为重要了。

为此，当孩子神情专注地抓、撕、闻、咬一样东西时，家长千万不要以为他们那是在搞破坏，要知道，此时的孩子正沉浸在学习的巨大乐趣中呢。家长唯一要做的就是在一旁给予看护，让孩子好好地探究他好奇的事物。请记住，成长的过程其实就是感觉和体验的过程。

亲子小游戏

好玩又充满智慧的游戏，不仅是亲子感情的促进剂，更可以开启孩子的视觉空间智能。下面两个小游戏就很不错哦。

【游戏1：画地图】

开始游戏喽：要求孩子画出家里空间摆设的地图；引导孩子画一画到爷爷奶奶家去的路线图；或是带孩子去游乐园玩耍回来后，引导他们画出各个游戏

项目的方位图。

再叮咛几句：这个游戏可以初步帮助孩子建立东南西北的概念。

【游戏2：火柴游戏】

开始游戏喽：家长先给孩子示范怎么摆火柴棍，等孩子慢慢熟悉后，再让他自己去创造图案。

再叮咛几句：这个游戏可以训练孩子的结构能力和想象力。但是，请注意不要给孩子火柴盒，玩后一定要收回来。

第五章
练就一双敏锐的音乐耳朵
——抓住孩子音乐能力发展的7年黄金期

音乐好比流淌的小溪，它能荡涤心灵、陶冶情操，又能

为生活注入活力、增添情趣。而感受音乐、理解音乐和

创造音乐的能力就是音乐能力。研究表明，音乐能力并

非一种特殊天赋，它的形成主要依赖于后天环境和音乐

实践活动。日常生活中，家长可以通过多种途径，引导

孩子练就一双敏锐的音乐耳朵。

1. 开启宝宝的音乐 "前能力" (出生~4个月)

　　胎儿从出生到四个月，可以说是音乐 "前能力" 发展的第一阶段。著名发展心理学家、美国哈佛大学教授加登纳曾经说过："在个体可能具有的所有天赋当中，音乐天赋是最早出现的。" 这里的音乐天赋，又叫宝宝的音乐 "前能力"。

聪明妈妈私手记
by苗苗妈妈

　　还记得苗苗刚出生那会儿，胖嘟嘟、粉扑扑的脸蛋特别招人喜欢，只是头三四天，对家人的日常生活活动产生的各种声音往往无动于衷。一位懂医学的朋友告诉我，刚出生的新生儿，由于中耳鼓室空气尚未充盈，而且外耳道还有尚未清除的部分羊水，于是，妨碍了外界声音向耳内传导，因此，在这段时期，听觉不太灵敏，表现得比较弱，这些都是正常的现象。一般来说，这种情况在3~7天后便会得到好转。

　　果不其然，苗苗过了那几天，我发现她对声音开始有感觉了，尤其偏向于听一些柔和、缓慢的声音，而且每每播放这类音乐时，她就表现得格外安静、乖巧。

　　在我坐月子那会儿，婆婆从老家赶来照顾我们。由于婆婆在乡下生活多年，在坐月子这种事上，有些地方还特别认老理儿，总把我和苗苗的房间搞得静悄悄的，连走路也要小心翼翼，生怕弄出一点声音吓着苗苗。我告诉婆婆，这种古老的办法应该结束了，即便是新生儿也要有一个有声的环境，而来自家人正常活动产生的各种声音，像走路声、关开门声、水声、刷洗声、扫地声、说话声以及屋外传来的许多声音都会无形中刺激新生儿的听觉，促进其听觉发育。反倒是，让房间静得没一点声音，唯恐声音吓着新生儿的想法，是完全错误的。

令我没有想到的是，说服婆婆的工作进展得很顺利，而且除了这些自然存在的声音外，我们还特意为苗苗创造了一个有声的世界。比如，我们为她准备了些有声响的玩具——拨浪鼓、八音盒、会叫的鸭子，还让她听有节奏的优美乐曲。每当看到她露出甜蜜的笑容，我的心里简直比吃了蜜还要甜。

说给菜鸟妈妈听

胎儿从出生到第四个月，可以说是音乐"前能力"发展的第一阶段。这里所说的音乐"前能力"，其实就是我们常说的音乐天赋。著名发展心理学家、美国哈佛大学教授加登纳曾经说过："在个体可能具有的所有天赋当中，音乐天赋是最早出现的。"这里的音乐天赋，又叫宝宝的音乐"前能力"。

其实，早在胎儿期，宝宝的音乐"前能力"就已开始表现了。在妊娠的第三个月，多数胎儿已经对来自外界的声音刺激有所感觉，他们会通过动作以及改变内部呼吸的方法来对声音刺激作出反应。对于刚刚出生的新生儿而言，他们可以很快地开始利用其在胎儿期积累起来的各种声音经验，去探索眼前这个丰富多变的声音世界。

以前经常有人认为新生儿是没有听觉的，但是当我们用一个带声响的玩具在新生儿耳边轻轻摇动时，就会发现新生儿会以某种方式动一动身体、皱一皱眉头，或是稍微转动一下头部。如此看来，新生儿显然听到了声音。事实上，科学实验早已证实，新生儿不仅能听见声音，还特别喜欢听柔和、缓慢的声音，并且表现得格外安静。反之，如果新生儿听到是尖利的声音，则会表现得急躁不安，甚至大哭大闹。

到了3个月时，婴儿就能再认母亲的声音或其他直接护理

智慧小博士
在这一阶段，家人，特别是母亲，最好能经常和婴儿说说话，虽然这时他还不能应答，但是也能促进其听觉发育，培养孩子对音乐的感知力。

人的声音。快到4个月时，婴儿会用他们的手或脚去碰击那些能产生令人愉快的声音的玩具。刚开始的时候，这些动作只是婴儿的一种本能反应，纯属偶然行为，但是如果声音十分悦耳、十分有趣，婴儿就会饶有兴致地一次又一次地去重复这些动作。当然，给婴儿放的音乐要柔和、动听，声音不要连续很长，否则宝宝会失去兴趣，停止反应，而且时间也要有节制，要防止有其他声音的干扰。

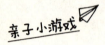

亲子小游戏

下面这个小游戏《小手来跳舞》，就非常适合大人和新生儿一起来玩耍。

开始游戏喽：家长先为宝宝重复播放某一段音乐。当播放第一遍时，让宝宝静静地听；播放第二遍时，家长抓住宝宝的小手，随着音乐的节奏跳"小手舞"，做出"手摇摆"、"上下拍手"等动作。当音乐节奏变得欢快，动作也要欢快些；当音乐节奏轻柔而舒缓，动作也要轻柔些。

再叮咛几句：家长和宝宝一起做"手舞蹈"时，要注意用自己的情绪感染宝宝，同时注意动作和音乐要合拍。另外，给宝宝听音乐时，音量应选择为中等，每次只听一种性质的音乐，时间控制在5分钟左右。

2. 最初的"演奏"（5~18个月）

　　音乐智能是宝宝最早出现的智能，也是最先被敏感的父母发现的智能。如何激发宝宝的音乐潜能并发展，是每位父母切不可错过的早期教育内容之一。

聪明妈妈私手记
by:冰冰妈妈 👣

　　冰冰6个月大时，有一天，当她午睡醒来时，没看到我在身旁，就小嘴一撇，"呜呜呜"地哭了。当时，冰冰爸一个劲儿地安慰她，都止不住她的哭泣。

　　后来，冰冰爸学着我抱冰冰的样子，抱起她，又摇又晃的，想让女儿停止哭泣，可是女儿就是不领情。于是，冰冰爸又给冰冰讲故事、拿玩具打发她，可是冰冰还是不吃这一套。这让冰冰爸没辙了。

　　不知怎的，冰冰爸突然触碰到了冰冰的玩具电子琴，里面响起了一曲动听的旋律，这曲子就像我平时抱着冰冰时给哼的歌一样。令他惊讶的是，冰冰一下子就安静下来了，眨巴着大眼睛，认真地听着。冰冰爸发现女儿的这一表现，就把玩具电子琴靠近她。他发现女儿竟然不哭了，他也终于松了一口气。

　　就这样，父女俩一直专注地听着乐曲，直到我回来。冰冰爸看到我回来了，立马把玩具按钮给关掉了，但是，他的这一举动，可让冰冰有意见了，"嗯嗯，啊啊"地表示反抗，我们俩莫名其妙地对视了一下，冰冰爸笑着说："哦，我们的女儿还在欣赏音乐呢，我们把玩具电子琴关掉，她自然会不高兴了。"我的脸上还挂着疑惑，可是刚一打开按钮，冰冰又高兴起来了。原来是我们没有理解女儿啊。

自从有了这次经历，更让我们确信音乐对孩子的成长简直太重要了。

还记得冰冰1岁多的时候，我们送给她一个漂亮的小鼓，鼓槌也小小的，她的小手拿着刚刚好。

刚开始，冰冰还不知道怎么玩，于是，我们就握着她捏着鼓槌的小手，在上面敲啊敲的，虽说声音听起来怪怪的，但是看着冰冰兴奋不已的样子，我们就会猜想，这个小家伙，此时一定在想："我算是知道了，小小的鼓槌敲在橙色的鼓面上，竟然会发出声音，虽然听起来有点单调，但是很好听噢。"

没不久，冰冰就甩开了我们的手，自己敲了起来，咚，咚咚……她简直是越敲越兴奋，咚、咚咚，咚咚、咔……一会儿敲到鼓面上，一会儿又敲到鼓身上。

再后来，冰冰拿到鼓槌见什么都敲，一双小手就爱乱摁乱弹。不过即便冰冰敲到鼓身上，我们从不会抬手帮她纠正，或是做出任何干涉她的行为，在这件事情上，我们总是保持一致的开明："就让她自己玩。"在我们看来，无论孩子怎样敲敲打打，无论孩子怎样调皮捣蛋，无论孩子的控制能力多差，她也是个弹奏乐器的小能手。

说给菜鸟妈妈听

婴儿在5~18个月，就进入了音乐"前能力"发展的第二个阶段。在这一阶段，随着婴儿自身咿呀学语声的逐渐增多，他们的发音能力也将在家人对其说话和歌唱过程中不断得到激发。

早在6个月左右时，婴儿对声音就表现出强烈的兴趣。他们开始能够使用自己咿咿呀呀的"语言"来回应环境中的

智慧小博士

音乐诞生于心灵，而非演奏技巧。对于音乐，每个宝宝都有自己的理解与表达方式。家长不必教他们优美的姿态，只需让其即兴演绎就好。

各种声音，而且随着自身身体动作的发展能够自己尝试制造出一些声音。比如，孩子无意中碰到系有铃铛的绳子后，铃铛发出悦耳的声音会引起他们极大的关注。于是，在这之后的一段时间里，婴儿会乐此不疲地不断拉绳子，嘴里还会一唱一和地发出声音。

与此同时，这一阶段的宝宝还能辨别声音的方位，感知音乐的长短强弱以及不同材质的发声。他们尤其喜欢敲打玩具，喜欢听敲打发出的各种声音，可以说，此时的敲敲打打就是他们最初的"演奏"。

当宝宝12个月时，能够随着节奏明显的音乐手舞足蹈，并且会反复模仿自己感兴趣的声音。1岁以后，他们在倾听、区别声音方面的能力会有所发展，能准确分清声源，能迅速地分辨出差别较小的不同声音。比如，当他们看见火车，对它的"呜呜"叫声会特别感兴趣，自己也会不由得拉长声音学火车叫。当宝宝18个月时，他们开始有了真正意义上的歌唱和节奏活动，即咿呀学唱期。

总而言之，0~1岁是培养宝宝对音乐的感知力和领悟力的关键时期。那么，在宝宝出生后，又该如何继续开发音乐智能呢？下面这些方法就值得关注。

1. 听熟悉的音乐。家长要定时给宝宝放一些胎教时听过的音乐，保持胎教养成的良好影响。如果不这么做，那些听熟了的记忆可能会在6个月后消失。在复习的过程中，家长要随时注意观察宝宝出现的亲切表情。

2. 不同的情景听不同的音乐。在不同的情景让宝宝听不同的音乐，可以使他们有多种视听同时出现的感受，从而丰富情景与音乐的联系。比如说，给宝宝洗澡时，可以播放欢快嬉笑的乐曲；带着宝宝逛公园时，不妨播放歌颂春天的歌曲。

3. 做被动操时播放固定的音乐。通常，出生后1个半月到2个月的婴儿就可以做体操了，实际上就是帮宝宝做按摩。家长在给宝宝做被动操时，每做某一段体操就播放同一段音乐。久而久之，宝宝就会记住放哪段音乐要动手，哪段音乐要动脚，哪段音乐又要趴下抬起头来。渐渐地，当宝宝熟练之后，就会由被动操慢慢变成听音乐的主动操了。

4. 玩音响玩具。宝宝喜欢能发出声音的音响玩具，如小铃铛、八音盒、能发声的不倒翁、音乐旋转盘等，尤其喜欢自动播放儿童歌曲的八音盒，对于自己感兴趣的东西，宝宝自然会格外努力地学习，渐渐地，使自己熟悉这些音乐。

5. 积极回应孩子的"语言"。日常生活中有许多声音，如风吹树叶的声音、水龙头冲水的声音、猫叫和狗叫声等，受这些声音的刺激，宝宝会用自己的"语言"来模仿或回应听到的声音。这种语言可能是口中发出的声音，也可能是肢体的动作。这时候，家长应敏感地把握孩子的反应，并模仿孩子的"语言"，给孩子以鼓励，为孩子用自己的方式表达自己的音乐感悟奠定基础。

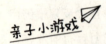

亲子共享的温馨美好时光是每位父母送给孩子最珍贵的礼物，还犹豫什么，跟孩子做做下面这个《轻舞飞扬》的游戏吧。

开始游戏喽：家人播放一些轻柔美妙的音乐，边抱着宝宝边按节拍随着音乐转来转去，让宝宝在轻飘飘的乐声中荡漾。

再叮咛几句：这种小活动既增进了亲子感情，又培育了宝宝欣赏音乐的爱好。

3. 音乐生活的小转折（1岁半~2岁）

　　幼儿1岁半以后，随着语言发展进入一个"咿呀学唱期"，音乐生活也出现了一个重要的转折。开始被周围环境中各种有趣的声音所吸引，有能力去寻找和发展他所喜欢的声音的位置，还会对某些有趣的音乐表现出特殊喜好。

聪明妈妈私手记
by丸子妈妈 👣

　　丸子快两岁的时候，对音乐表现出了非常浓厚的兴趣，特别喜欢学大人唱歌，只要电视里有唱歌节目，就会唧唧喳喳地不停歇，活脱脱的像只小麻雀。

　　一次，外婆教了丸子一首歌，名叫《世上只有妈妈好》。刚学了一遍，丸子就轻而易举地会了前两句："世上只有妈妈好，有妈的孩子像块宝。"

　　晚上下班后，我刚一回到家，当外婆不经意地唱到"世上只有……"时，故意停住，丸子立马接上："妈妈好！"其实，唱歌那会儿，丸子一直坐在地上玩她的玩具，连头都没抬一下。第一次听到丸子接唱这首歌的我，当下激动了半天，连亲了女儿两口，并说了声："谢谢，宝贝！"

　　再后来，每当丸子一听到这歌，她就会自动地接上。丸子爸爸说："孩子这是听多了，是条件反射。"我当即反驳他，可不要小瞧我们的小丸子，她也有自己的思想。我相信她是真记住了歌词和旋律，所以才会接唱得那么自然。

　　其实，我们的小丸子在会记歌词之前，对于音乐，还特别有节奏感呢。

有一次，我们一家三口靠在沙发上，刚好电视里有人热歌劲舞，在一旁玩弄玩具的小丸子听到音乐的节奏，就不由自主地晃起了她肥肥的脚指头，扭起了她的小屁屁，逗得我和丸子他爸拿着手机在一旁拍了好半天，还边拍边鼓掌。

外婆见了，呵呵笑着说，丸子这简直是瞎扭。我可不这样认为，赶忙为女儿辩护说："这个年龄的孩子就爱合着音乐节奏扭来扭去，她这是沉浸在自己的舞台表演里呢。"

在我们的引导下，外婆再遇到类似情况，也从未不合时宜地打断过丸子，有时候，还会逢人便说："我家宝贝会表演啦！我家宝贝会表演啦！"

说给菜鸟妈妈听

当幼儿到了1岁半，随着语言发展进入一个"咿呀学唱期"，音乐生活也出现了一个重要转折。他们开始初次独自发出探测各种小停顿的点状的音的序列，还发明了一些难以记录的自发歌曲。之后，幼儿

> **智慧小博士**
>
> 婴幼儿时期，对音乐能力的发展具有决定性作用，可以说是音乐智能的奠基期。有的人长大成人后，之所以唱歌五音不全，跳舞老踩别人的脚，主要原因就是在婴幼儿早期，没有奠定一个良好的音乐基础。

又开始发出从周围熟悉的歌曲中听来的小片段或独特的旋律短句，这便是幼儿歌唱与节奏活动的正式开端。

在这期间，幼儿对声音探索的好奇与能力也在一并增长，而蹒跚学步的孩子也继续被周围环境中各种有趣的声音吸引着，随着孩子身体活动能力的增加和语言技巧的发展，他们会逐渐有能力去寻找和发展他所喜欢的声音的位置。此外，这个年龄的幼儿还会对某些有趣的音乐表现出特殊爱好，比如，他们会非常着迷于电视广告中的某些音乐片段。如果幼儿能够在家里或早教中心里听到并接触到电子琴等乐器，他们会感到非常神奇和快乐。

既然幼儿音乐智能的开发不仅是发展幼儿音乐素质和能力的需要，同时，父母有意识地开发幼儿的音乐智能，也是发展其智力才能、陶冶性情和品格的

需要，那么，作为父母，又该如何根据此阶段孩子的音乐智能特点，采取有针对性的音乐智能培养呢？下面几种方法就值得尝试。

1. 随着幼儿语言能力的发展，在听音乐的基础上，父母可以教其有节奏地说儿歌，也可以拍着节奏说歌词，并随父母学唱适合幼儿歌唱能力的歌曲。这里所说的适合幼儿歌唱能力的歌曲，主要是指适合幼儿理解、感受、演唱和表达的歌曲，如能感受的情绪情感，能反映幼儿生活和幼儿能理解的事物。歌曲篇幅要短小，节奏要简单易唱，歌词要简练、上口、易懂、有趣味，旋律优美、能表达幼儿的情趣。

2. 带领幼儿参加团体活动。外出散步时，父母可以有意把孩子带到附近亲子园、幼儿园，只要小朋友们在唱歌，那么宝宝就会停下来听。当幼儿反复听大孩子们唱歌，就会引起他学习的欲望，尤其是当他看到小朋友们一边唱歌一边做游戏，定会感到非常开心。刚开始的时候，可以先让幼儿在一旁观看，等他愿意时再鼓励他参加。为了调动幼儿的积极性，父母也可以和宝宝一起参加，随着音乐的节拍来做动作，到某一个音节就拍手、跺脚，或是转圈。大人不要嫌宝宝手忙脚乱，经过多次反复学习之后，他们就能和别人的动作合拍了。很多早早被音乐熏陶的宝宝，刚满2岁的时候，就可以很熟练地参加团体演出了。

亲子小游戏

下面这个小游戏《音乐律动》，可以教导宝宝的节奏感和对音乐的敏感度，而且在音乐节奏中开发宝宝的右脑，适用年龄段为1~2岁。

开始游戏喽：父母先准备一段节奏感较强的宝宝喜欢的音乐，然后，和宝宝一起和着音乐的节奏用手打拍子。活动中，父母要鼓励宝宝用自己的方式表现音乐节奏。比如，双手拍地或是双脚打地等。之后，再重复进行这个游戏。

再叮咛几句：刚开始时，父母可以和宝宝一起做，引导他熟悉音乐节奏。待宝宝熟悉以后，可以让他自己自由地表现音乐。

4. 伴随音乐翩翩起舞（2岁~3岁）

对幼儿进行音乐启蒙教育，既要考虑他的兴趣和语言特点，又要坚持由易到难的方法进行，这样才有助于激发孩子对音乐的兴趣和探究艺术奥秘的愿望。

聪明妈妈私手记
by 晨晨妈妈 👣

晨晨快3岁时，我发觉她越来越喜欢唱歌了。

有一次，她竟然完整地唱了一首歌《小燕子》。直至现在，我还清楚地记得，当时晨晨一边唱一边翘起她那独特的兰花指，小身段也随着歌声的韵律扭来转去，可以说，《小燕子》这首歌被她演绎得淋漓尽致。

于是，只要晨晨这么小露两手，总会赢来掌声一片。有几次，家里来客人了，爷爷奶奶就招呼晨晨在众人面前唱两句。尽管晨晨很喜欢唱这首歌，可是我看得出她不喜欢每次一有客人来，大人就推她出来演唱。而爷爷奶奶的心理我也很理解，那就是在众人面前，显摆一下自己的孙女，他们只是想让晨晨表演给别人看。

后来，我就跟爷爷奶奶讲，晨晨喜欢唱歌这本身就很好，但是我们做家长的，不能逼迫孩子去做一些她不情愿去做的事情。让宝宝从小接触音乐，也并不是单一为了让他们学习某项技能，而是让孩子在自由自在的成长过程中，打开音乐世界的那扇大门，启发他们对音乐的兴趣，让孩子积极地参与这比任何教条式的技能灌输都重要。

其实，早在晨晨两岁以后，对音乐的兴致就表现得非常高了，而且还具有较强的接受能力。每当我们带着她走在街上，从正在播放音乐的商场前路过，她都会情不自禁地跟着歌曲学唱几句，玩得来劲时，还会自编自导地随着音乐的节奏，做出点头、跳跃、转圈、摇摆和摆动手臂等动作，惹得周围人都不由得驻足观看。不过，在这一过程中，我们从未对晨晨的反应做出过任何的干涉和阻拦，反倒更多的是鼓励、启发与帮助。

为了更好地启发孩子对音乐的兴趣，平时我们总会抽出时间带她到大自然中去感受音乐的美，听听鸟儿婉转的叫声、虫儿唧唧的叫声、呼呼的风声，当然，也少不了滴滴答答的雨声等。我们相信这些活动总能在潜移默化中激发孩子对音乐的热爱，引导她去观察、欣赏五彩缤纷的音乐天地，从而激发她对音乐的兴趣和探究艺术奥秘的愿望。

说给菜鸟妈妈听

2~3岁这个阶段，是前一阶段的巩固和延伸。在这一阶段，幼儿会表现出如下这些音乐特征：

25~27个月：听儿歌的时候，会边做动作边轻轻地跟着旋律哼唱，还可以认知大人经常介绍的乐器。为此，大人可以鼓励幼儿参加一些有剧情的唱歌表演。

28~30个月左右：幼儿能跟大人对歌，能分辨声音和节拍，喜欢听合唱，也喜欢听音乐做律动，有助于提高他们对音乐的鉴赏能力。

31~33个月左右：幼儿能听音乐跳舞，可以配合大人轮唱，会模仿哼唱某首名曲中的段落。

34~36个月左右：经过训练可以配合大人进行唱歌、乐器演奏等表演，能同大人跳华尔兹，配合音乐敲出节拍，能随音乐自由地活动。

为了更好地帮助孩子打开音乐世界的大门，父母对孩子进行音乐启蒙教育时，应着重注意以下几个方面：

1. 树立正确观念，充分认识音乐启蒙教育对孩子的重要

智慧小博士

让孩子从小接触音乐，并不是要强迫他们学习技能，而是要从生活及游戏中帮助他们打开音乐的大门，进而启发孩子对音乐的兴趣，让孩子积极地参与。

性。由于孩子生理、心理发展尚未成熟，不能接受复杂的知识结构，神经、骨骼也没有发育完善，不可能掌握高难度的技巧动作。因此，对孩子进行音乐启蒙教育可以帮助孩子观察、欣赏五彩缤纷的音乐天地，从而激发他们对音乐的兴趣和探究艺术奥秘的愿望。

2. 在点滴生活中培养孩子对音乐的兴趣。为了更好地培养孩子对音乐的兴趣，父母可以让他们多接触音乐，在孩子早晨起床时，播放一段轻声悦耳的音乐；亲子游戏时，再配上一段活泼有趣的音乐；晚上睡觉前，安排一段温柔、安静的摇篮曲。总之，在恰当的时间提供恰当的音乐刺激，可以很好地激起孩子愉快的情感，使孩子的音乐天赋得以更好地发挥。

3. 根据孩子的年龄特点，开展一些简单、有趣的音乐活动。这类音乐活动建议选择歌词生动、节奏简单、篇幅短小的歌曲，如《小白兔》、《大公鸡》等，这样才易引起宝宝模仿唱歌的兴趣。为了激发孩子参加音乐活动的积极性，还可以教他们拍拍手、跺跺脚，通过这些动作的训练，可以培养孩子对音乐的节奏感。

4. 让孩子感受不同乐器发出来的声音，培养孩子的节奏感。从这一年龄段开始，幼儿逐渐开始对真实的乐器发生兴趣，他们会由之前单纯地对听乐器演奏和录音音乐表现兴趣，进而对一些能够发出好听声音的玩具乐器表现得兴致盎然。为此，父母可以为孩子准备几种乐器，如电子琴、小铃、铃鼓等，让孩子去摸摸、敲敲、打打，感受不同乐器发出来的声音，而且这也会为孩子节奏能力的发展和今后的乐器学习打下一个良好的基础。

亲子小游戏

下面这个小游戏《跳交谊舞》，可以帮助宝宝感受音乐的韵律，促进宝宝对声音的敏感性、记忆力和注意力的发展。

开始游戏喽：先选定一首适宜的音乐，妈妈站在地上，宝宝站在床上，妈妈右手搂着宝宝，左手抓住宝宝右手。然后，让宝宝的左手搭在妈妈右肩上，模仿跳交谊舞的姿势，随着音乐节奏做出前进、后退、旋转的动作。

再叮咛几句：妈妈要带动宝宝跳，示意宝宝做一些摇头、旋转、踢腿的动作，游戏的时间不宜过长，因为孩子的注意力不会持续很长时间。

5. 在游戏中培养孩子的音乐耳朵（3岁~4岁）

孩子处于3~4岁这个年龄段，对于音乐的感受，会从单纯的节奏感练习向旋律、音准方面过渡。而借助游戏的帮忙，可以让孩子更好地欣赏音乐这门看不见、摸不着的"神秘"的听觉艺术。

聪明妈妈私手记
by涛涛妈妈

　　游戏是每个孩子最喜欢的活动，自打涛涛出生起，即便工作再忙、家务再多，每天我都会抽出一些游戏时间，完全地交给孩子。

　　不仅如此，在我看来，游戏的过程还是开发宝宝智慧的大好机会。为了帮助涛涛练就一双敏锐的音乐耳朵，我还会在愉快的游戏中教他唱歌，这种方法竟然收到了事半功倍的效果。记得一位著名的心理学家曾说过，动作是孩子认识活动中起最重要作用的因素。当孩子欣赏音乐这门看不见、摸不着的"神秘"的听觉艺术时，只要有动作的帮忙，就能较快地使他们认识音乐、感知音乐，进而提高音乐的欣赏能力。

　　涛涛从小就对汽车感兴趣，于是，我为他创设了一个以"开汽车"为主题的游戏形式。游戏之前，我先准备了几张小椅子，把它们拼接在一起，这样我们就有了汽车；接着，我又找来了用过的蛋糕盒，用剪刀剪一剪，刚好可以当驾驶用的方向盘。接下来，涛涛扮演司机，我和涛涛爸爸做乘客。就这样，我们一家三口，边玩开汽车的游戏，边教孩子学唱《小司机》《让座》这些歌曲。

　　为了提高孩子在学唱时的注意力，能够积极地记住歌曲的旋律和歌词，我还为他创设了一个游戏，叫做唱歌接龙。开始的时候，我先把所学的歌曲完整地唱一两遍，以便让孩子对歌曲有一个完整印象，再逐句逐句地教给孩子唱。当涛涛初步掌握了歌曲的旋律和歌词内容以后，我们一家三口就来做唱歌接龙的游戏，一人接着唱一句，直到唱完。

　　除了这些游戏方法，我们还会和涛涛玩一种猜谜唱歌的游戏。游戏开始时，先由我和涛涛爸唱一遍歌曲，让孩子对整首歌有一个初步印象，然后玩猜谜游戏。也就是说，我们会根据歌词内容做出一个相应的动作，让涛涛猜出大概意思，并概括成一句歌词教他唱出来。比如，在教涛涛唱《小朋友想一想》这首歌曲时，当我们做出两手抱拳，伸得长长地在身前晃动的动作时，涛涛就会猜出"大象鼻子最最长"；当我们做出两手分别伸出、两指放在额旁、蹦蹦跳跳的动作时，涛涛就会猜出"兔子耳朵最最长"。令我们惊喜又激动的是，这种方法既教孩子学会了唱歌，又学会了丰富的肢体动作，孩子玩得兴致高，亲子关系也其乐融融。当然，我们一家三口也会经常调换角色，举一反三，学唱类似的歌曲。

🐦 说给菜鸟妈妈听

　　从听觉能力方面说，3岁多的孩子已经具有一定的听觉辨别能力，经过恰当的培养便可以获得一定的听觉感受能力，进而领略音乐艺术的美。

　　与此同时，这个年龄的孩子还具有一定的听觉记忆能力，也就是说，具有记忆音乐、再现音乐的能力。比如，多数这个年龄的孩子会唱几首5个音阶内的歌曲，会随光碟音响或电视节目自学几首歌曲，这就意味着孩子具有一定的听觉记忆能力。

智慧小博士

研究指出，对三四岁幼儿进行音乐训练，能促使他们的大脑更好地识别空间和时间的模式，并进一步促进这种反应能力的发展。

　　音乐是听觉的艺术，而听觉刺激又是全方位的，来自前后、左右、上下的声音都可听见，这又比较适合幼儿认知无意性的特点，这样孩子便能在无意中接受音乐的影响。所以说，3岁也是培养孩子听觉能力的最佳时期，家长应不失时机地培养孩子的听觉能力。

在家庭中，父母不妨尽可能多地为孩子播放音乐，最好每次只放一、两首曲子，等幼儿听熟了之后，再更换，这样幼儿才能从多次重复听唱及学习中，产生熟悉的感觉，进而体会曲子的节拍、音调及强弱，促进模仿力及注意力的提升。

具备了准确的听觉能力，还要有准确的歌唱反应能力和良好的节奏感，这个年龄的孩子已经会按旋律敲击节拍，按节拍作律动。不过，需要注意的是，由于此阶段孩子的发声器官尚处于成长发育阶段，娇嫩且容易疲劳，所以，日常生活和歌唱中，家长要注意保护孩子的发声器官，使之能够健康发音。

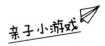

我们生活在一个充满着声音的世界，家长可以为孩子设计一些有关于声音的小游戏，加深他们对声音的认识。下面这个《寻找周围声音》的小游戏就是其中之一。

开始游戏喽：家长引出"声音"的话题，用自己的身体发出一些声音，再启发孩子也用自己的身体发出声音，如拍手、拍腿、拍脚等；家长也可以让孩子打开窗户，听一听窗外都有什么声音。

再叮咛几句：这个游戏可以让孩子学会关注周围的声音，并让孩子明白这些声音是可以制造的。

6. 亲近音乐，享受无穷乐趣（4岁~5岁）

当每个孩子呱呱落地时，就唱出了他人生的第一个音符。随着孩子的日渐长大，他们更是希望通过用自己的歌声来表达自己的心情、自己的愿望和理想。

聪明妈妈私手记
by萌萌妈妈 👣👣

在萌萌嗷嗷待哺的时候，我就常听过来人说，音乐启蒙教育在孩子的童年时光中是如何的重要。的确，很多时候，当我看到萌萌情不自禁地随着音乐手舞足蹈，对音乐萌动着一种发自内心的热爱和向往时，我就会强烈地感觉到这样一个信号：每个孩子都需要音乐，每个孩子都有接受音乐的愿望和要求。

几年的育儿经验，还让我深刻地体会到模仿是孩子的一个大特点。为此，生活中，我会抓住孩子的这一特点，给萌萌准备各种歌曲、乐曲、世界名曲，供她欣赏或学唱。

都说家长是孩子不可选择的第一任老师，父母提高自身的音乐修养就显得尤为重要。但是，我自知自己是个没有音乐细胞的父母，所以，我会借助录音机、VCD等设备，让萌萌从学唱简短的儿童歌曲入手，引导孩子多听、多练、多唱。当然，在教萌萌唱歌时，我也会尽量做到发音准确、吐字清晰，并且随时带着节奏感。每每这种时候，萌萌总会随着音乐边唱边做出拍手、跺脚的动作，那样子真是可爱极了。

在萌萌随着歌曲音乐做动作的时候，我还会适时地给萌萌一些鼓励和夸奖，让她有一个充分展现自我的舞台，让她尽情地表现自己，抒发自己的内心情感。

说给菜鸟妈妈听

多元智力理论认为，音乐智力在人类个体天赋中是最早出现的，但是音乐天赋要想得到正常发展，还有赖于生活中的点滴教育。

对于喜欢唱歌能正确配合音调和节拍与他人合唱的四五岁孩子而言，年轻的爸爸、妈妈有必要为孩子在家里创设一个感知音乐的活动区。在居室中留出一片空间，摆放一些音乐玩具，如会唱歌的小动物、儿童打击乐器、电子琴、儿童手风琴等，让孩子在活动区里可以随心所欲地敲敲打打，主动听各种不同的声响，模仿小动物的叫声来感知音的高低。

父母要抽出时间陪孩子一起欣赏音乐。从某种意义上讲，音乐是一种流动的艺术。父母每天抽出一点时间，与孩子共同欣赏一些能够反映孩子思想感情和生活情趣的音乐，在孩子认真听、反复听的过程中，还可以指导孩子理解音乐，鼓励孩子边唱边跳，或是大人伴唱伴舞为孩子助兴。条件允许的话，还可以安排些家庭音乐会、周末音乐会，鼓励孩子主动参加，加深孩子对音乐的重视和兴趣，这种潜移默化的影响对孩子也是相当有效

> **智慧小博士**
>
> 生活中时时有音乐，能陶冶孩子的性情，让他具有基本的音乐素养。也许并非每位孩子都能成为贝多芬或是莫扎特，但是一个从小就喜欢音乐的人，长大后必然会是个热爱生活、气质不俗的人。

的。不过，前提一定是父母能够兴趣盎然地去听这些音乐，这样的话，孩子才会受到感染，不熟悉的变成了熟悉的，于是，在不断地重复中，这些美妙的食粮就渗透到了孩子的心里。

当然，父母也可以利用音响设备让孩子多多接触音乐，并慢慢学会模仿演唱、演奏，也可经常让孩子聆听配乐故事、朗诵，并将这些音乐进行生动、形象的描述。另外，平时起床时，也可以为孩子播放些轻快的音乐，睡觉时再放些轻缓的音乐，让孩子安谧、甜美地进入梦乡。

其实，通常在这些家庭环境中成长的孩子，到了4~5岁就可以明显表现出与众不同的音乐才能了。总而言之，音乐是一种特殊的能力，它可以通过充满音乐生活的家庭环境来培养。作为父母，只要平时做个有心人，为孩子创造良好的音乐氛围，一定有利于孩子接受音乐知识，促进身心的健康发展。

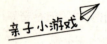 亲子小游戏

这个年龄的孩子对一件事情往往有着更持久的兴趣和更专注的态度，下面这个小游戏可以让孩子享受到音乐中的无穷乐趣。

开始游戏喽：家长躲在靠背椅后面，发出不同声音，如拍球声、打蛋器声、上钟表发条声、敲键盘声、撕报纸声等。与此同时，请孩子闭上双眼，仔细听一听，并猜猜家长发出的是什么声音。

再叮咛几句：这个游戏可以增强孩子对不同声音的敏感性，并训练他的注意力。

7. 开始学乐器（5岁~6岁）

鼓励孩子音乐实践，鼓励孩子学习演奏乐器，当孩子沉浸在音乐氛围中时，音乐才能的显现也就成为顺理成章的事情了。

聪明妈妈私手记
by果果妈妈 👣

我一直相信，手指的灵动会促进大脑的发展，手的动作越复杂，就越能促进大脑的思维功能。其实，关于这一点，现代医学早已证明了。以学钢琴为例，黑白相间的乐谱谱表分成上下两部分，需要孩子手指动、耳朵听、眼睛看、脑子想……这就无形中调动了孩子听觉、视觉、触觉等多种感官的综合作用，刺激了脑细胞的发育，提高了孩子观察力、理解力、听辨力、记忆力、想象力，促进孩子整体智力的发育。

转眼间，5岁半的果果学琴已近4个月了，从开始敲击琴键的歌不成歌、调不成调，到如今，小不点已经有些曲不离口了。开车带她从幼儿园回家的路上，小丫头的嘴里还经常背着某个琴谱，然后兴致盎然地让我来猜是哪一段曲子。

但是，果果毕竟是刚刚学琴，根本不能像她的小表姐那样，弹得动听而流畅。回想想果果练琴的经历，还真是波波折折。记得有一天，我陪果果去琴房练琴。小果果有些记不清琴谱，看看琴谱，再找找琴键，一首曲子听起来结结巴巴，估计她自己也不爱听，闹了小脾气，干脆不弹了。那一次，我没有逼迫她，也没用埋怨她。不过，偶尔我也会有点动摇，加入这个钢琴大军究竟是对还是错，果果对钢琴那种满心憧憬的眼神和无限渴望的激情，还有我内心里时不时浮现出的钢琴这个大家伙如同很多失宠的玩具一样在角落里落满灰尘……这两种画面总会交替地出现在眼前。

后来，还是果果对钢琴充满的无限兴趣和好奇占了上风，随着学习的深入，练习越来越多，别看她年纪小，记性可强了，识谱能力让我这个做妈妈的都佩服不已。更令我们惊喜的是，果果在待人接物方面表现得比同龄孩子更为优雅得体，这还真应验了那句话："学琴的孩子不变坏。"

在接下来的日子里，我因为忙碌，荒废了陪伴和督促果果的练琴，在出差回来的第二天，就陪着果果参加了一个幼儿园举办的音乐表演。那天，小果果充满愉悦地走上舞台，那曾经让我无法入耳的《公主圆舞曲》的曲音已经犹如一个美丽的小公主在琴键上翩翩起舞。原来，在我去外地公干的一个月里，小果果的琴技竟然取得了如此飞跃性的进步。看着从台上走下的小果果，我抑制不住内心的激动，一把将女儿抱入怀里，由衷地为她开心。

说给菜鸟妈妈听

5~6岁是培养孩子音乐智能的一个关键期，在这一阶段，可以让孩子接触一下实际的音乐技能，比如钢琴、小提琴、古筝、二胡等乐器的演奏。

智慧小博士
对这个年龄段孩子的乐器训练时间不宜过长，因为他们的骨骼尚未发育完全，长时间地训练会导致孩子骨骼畸形，训练时要采用动静交替、有松有紧的方法。

乐器的选择有很多，从钢琴、提琴、长笛、小号等西洋乐曲，再到古筝、二胡、琵琶、扬琴等民乐。不过普遍认为，对于初学乐器的孩子而言，钢琴才是最理想的选择。

一般来说，孩子学钢琴，只要轻轻敲击键盘，就能听到悦耳的声响，并且钢琴自身准确而固定的音高也有助于孩子直观地理解音乐的概念，比如，什么是全音或是伴音等。此外，经过钢琴启蒙的孩子，当其日后再进一步学习其他乐器时，也常常会更容易些。

那么，为了让孩子通过学琴这条路更好地亲近音乐，父母和孩子又该做好哪些思想准备呢？下面几点建议就值得一看。

1. 孩子练琴时，既不要采取"计时制"，也不要采取"计件制"，只需按照老师的要求先弹两遍，不合格再弹两遍，直至达到要求。比如，如果规定每天半小时的练习时间，那么，不妨把这段时间拆分成3个10分钟。早餐前10分钟，幼儿园回家10分钟，临睡前再10分钟，这样就能避免孩子想出各种理由拖延时间，或是草草收场了。

2. 任何乐曲的学习都是一个辛苦而枯燥的过程，需要强大的毅力和自制力，钢琴也不例外。在这一过程中，父母要做到百分百的陪同，上课时勤记笔记，积极提问，回家后再一同练琴。同时，父母的专注和坚持不懈对孩子能否将练琴进行到底也是至关重要的。不过，当孩子试图放弃的时候，父母切记不要说"为你学琴，花了多少钱"或是"陪你学琴，花了多少时间"等这样的话，正面积极地体会孩子面临的难题，乐观肯定地帮助孩子渡过难关，要远比挫伤孩子学琴的兴趣要有意义得多。

3. 督促孩子学琴，不要步步紧逼，也不要放任自流。孩子弹琴时，不能要求孩子一次就把所有的要点都正确完成，逼得太紧，孩子容易产生逆反心理，反添厌烦心理；放任自流，又会导致孩子遇到瓶颈时不进则退，最终反倒功亏一篑。做到不要中途打断，鼓励孩子力争完美，反而会起到事半功倍的效果。

4. 在孩子学习演奏的同时，一并提高听音、辨音的能力，识谱、视唱的水平，但是这一过程相对于弹奏而言会越发枯燥，更需父母的耐心陪伴。为此，父母不要让孩子只顾闷头弹琴，平时可以随时打开CD机，让生活中处处有音乐声相伴，长此以往，必定会看到好处。

亲子小游戏

孩子天生具有对音乐的灵敏度，和孩子做做下面这个游戏，可以激发他们对各种乐器的好奇心，练就一双敏锐的音乐耳朵。

开始游戏喽：家长先备好各种乐器的图片或演奏者弹奏乐器的图片，并将这些乐器一一介绍给孩子；然后，家长用音响播放不同乐器的乐曲让孩子听；最后，家长请孩子边听音乐边配合曲子摇摆，并最终找出对应乐器的图片。

再叮咛几句：这个游戏可以让孩子了解不同乐器产生的不同声音或音色。

8. 用音乐哺育孩子健康成长（6岁~7岁）

音乐的乳汁可以哺育孩子天真烂漫、活泼愉快地成长，它还可以让孩子产生更强的求知欲、更敏锐的观察力、更丰富的想象力以及更活跃的创造力。

聪明妈妈私手记
by蔼蔼妈妈 👣

还记得，在蔼蔼的满月酒上，一位在双语幼儿园工作的好友跟我讲过这样一句话："音乐不是万能的，但没有音乐却是万万不能的。"这话说的就是音乐教育对孩子的影响。

这位好友还给我讲了这样一个故事：有一天，好友所在的幼儿园来了一位新成员，名字叫做倪倪。当时，这个小家伙才两岁八个月大，因为有些语言能力的限制，所以她还不善交流。

每天，倪倪都会穿着一双沉重的牛仔鞋来到幼儿园，几乎很少参加集体活动。一天，好友播放了一首曲子，倪倪开始意识到音乐中的节奏。于是，她停下手中的事，弯下她的膝盖，一脸微笑着，上上下下地蹦跳着。倪倪的这一举动让好友身边的老师们也顿时有些吃惊。他们纷纷说，倪倪感到了快乐，她笑了。

好友看到这一幕，当即鼓励倪倪说："倪倪，用你的脚和手跟着音乐动。"在老师的鼓励和肯定下，倪倪的"进行曲"越来越有力了。虽说这是一个有趣的例子，但是，对我而言，却如此真实地感受到音乐自身所具有的无与伦比的力量和魅力。于是，在对女儿蔼蔼的启蒙教育中，音乐教育也被我搁在了一个重要的位置上。

作为菡菡第一个乐器的拨浪鼓，音响效果与娱乐效果可以说是共同发挥了作用，每当菡菡的小手摇动它的时候，总会奏出富有变化的响动，既提高了女儿对声响的辨认，提供声音刺激的体验，又吸引了她的注意力，而且还能锻炼她的小手臂，增加手部运动。其实，在菡菡身边，像拨浪鼓这类传统玩具还有很多，虽说现代玩具都向着智能和新潮方向进发，但是我依然认为这类玩具对孩子智力方面的开发还是很有帮助的。

生活中，我也会尽量让菡菡受音乐的感染，于点滴中，体察音乐和日常生活的息息相关。比如，菡菡起床时，我会为她放一首清新向上的乐曲，让孩子在优美的乐声中醒来，这对帮助女儿养成良好的起床习惯很有益。再比如，一家人进餐时，我会放一首轻音乐，如此一来，既提高了用餐质量，又使全家人心情更舒畅。要知道，听是孩子享受音乐的开始，高尚音乐更能开启孩子的心灵，而那些节奏明快、旋律优美的作品更能吸引孩子的注意力。

后来，菡菡到了学琴的关键期，我又在征求她的意见后，有针对性地为她挑选了一家口碑不错的培训班。在我们和孩子的共同努力下，女儿菡菡在弹琴方面有了巨大飞跃，从开始的识谱困难到现在的流利熟练，即使是新曲子也不用我们提醒和念谱，也能表现得非常精彩。有时候，我都不由得感慨，别说是6岁多的孩子，即便是大人也很难做得到。

当然，在这个过程中，我和老公总是试图给女儿一个好的影响，让她明白，做什么事都要坚持，并且把它做好，不能轻易放弃。

女儿的成长历程也再次证明，音乐的乳汁是可以哺育一个孩子天真烂漫、活泼愉快地成长的，它甚至还可以让孩子产生更强的求知欲、更敏锐的观察力、更丰富的想象力以及更活跃的创造力。

说给菜鸟妈妈听

孩子的成长速度是惊人的，每一分钟都会有你意想不到的变化。然而，孩子的大脑发育就像一棵小树苗的成长，需要充分合理的营养供应、尽心尽力以及方法得当的养护，在孩子健康成长的每一天，家长做到抓准时机、抓住根本，才能达到理想的效果。那么，对于这个年龄的孩子而言，又该如何把握音乐方面的潜能开发呢？

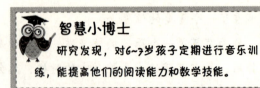

智慧小博士

研究发现，对6~7岁孩子定期进行音乐训练，能提高他们的阅读能力和数学技能。

1. 培养孩子成为"听音高手"。在我们生活的周围到处充满了各种不同的声音，比如，炒菜声、工地上机器隆隆声、鞭炮声、虫鸣鸟叫声以及大自然的风吹雨滴声等。带孩子认识这些围绕在我们身边的声音，试着让孩子去模仿，不仅可以有效加强他们对于声音的印象，还能让孩子的听觉变得更敏锐，增强其对外界声音的感知能力。

2. 看电视学音乐。孩子都爱看动画片，在这个时候，家长不妨提醒孩子音乐是怎样随剧情的变化而变化，尤其是在卡通人物高兴、伤心或剧情紧张危急的时刻，背景音乐会有明显的变化。对孩子来说，这种通过声音回味影片的游戏不只有趣，还可以让他们了解如何利用声音的特质，来呈现各种不同的情境。

3. 配合音乐课程，多听相关音乐。孩子学习乐器时，总喜欢弹奏自己熟悉的曲子，家长不妨经常在家里播放CD，孩子听得多了，自然就对课本上的曲子产生了亲切感，也渐渐熟悉了曲子的节奏和旋律。而且这种方法也能增进孩子学习的速度和信心，排除其对新曲子的不安。

亲子小游戏

生活中，到处都是开发孩子音乐潜能的好机会，下面这个《敲鼓传球》的游戏就不可错过。

开始游戏喽： 家长备好小鼓、小球各一个；家中成员围坐一圈；爸爸先敲鼓，提示孩子听到鼓声后，按顺时针把球传给紧邻他的下一位，并告诉孩子球不可掉在地上。

再叮咛几句： 这个游戏可以培养孩子的节拍感，让他感受流动的节拍。

第六章

培养孩子的数学脑

——抓住孩子数学逻辑能力发展的7年黄金期

在人类的智能结构中，数学逻辑能力是最重要的基础能力

之一。人类认识自然界的一个重要方面就是认识自然界的

各种数量关系和形状、空间概念，并通过利用这些数量关

系和形状、空间概念改造自然。一个具备优秀数学逻辑能

力的孩子势必是能够立足于未来高科技社会的成功人士。

1. 婴儿也会"加减法"（出生~6个月）

科学研究表明，3个月大的宝宝已经具备基本的数量分辨能力。婴儿期的宝宝就能做简单的加减运算，你相信吗？

聪明妈妈私手记
by小咪咪妈妈

婴儿时期的宝宝也能做简单的加减运算？一天，和几个荣升为妈妈的闺蜜们闲聊时，当一位资历颇深的妈妈讲起这个话题时，我们几位妈妈顿觉惊讶与不解。"这简直太不可思议了！这怎么可能呢？"

闺蜜解释说，这种能力和宝宝学习从1念到10有些不同，通常，宝宝要2岁以后，才能做出3以下的加减简单运算，而这属于另一门学问。虽说看似不可思议，但是科学家告诉我们：即使只有3个月大的小宝宝，也已经具备基本的数量分辨能力了。

那么，年纪小小的宝宝又是怎么运算的呢？

闺蜜回忆说："还记得女儿小鱼儿两三个月的时候，我经常给她做一些按节拍听数的被动操。那时的小鱼儿会特别享受地仰卧在舒服的床上，我的大手紧紧地握着她的小手，给她做双臂外展、合拢，向上、向下，屈肘、伸肘等一系列运动。当然，这些动作是循序渐进进行的。

"不过，从一开始，每做一种动作，我都会喊一个口令'一、二、三、四；二、二、三、四；三、二、三、四；四、二、三、四'。那时的我，在养育孩子方面，也确实没有多少经验，许多动作要领也是从专业书籍上东拼西凑学来的。刚开始的时候，自己也难免会陷入混乱状态，但是，相比在此过程中得到的快乐和感悟，付出的辛苦又是那么的微不足道。渐渐地，我发现喊口令可以使宝宝听惯数数的声音，用动作跟随大人的口令去做，而这又无疑在潜移默化中启发了孩子对数的理解。当小鱼儿手部动作表现得非常娴熟之后，我又握着继续更进一步地'操练'，用我的大手握着她的双踝，同她做双腿上举、放下；外展、合拢；屈膝、伸膝等运动，这些被动运动无一例外地要听口令按节拍去做。

"尽管我不是一个天生的好妈妈，但是我相信只要我愿意学习，总能教育出完美的聪明宝宝。事实也证明，宝宝一旦听惯了口令数数，便会对数的声音产生记忆，这也便于其以后学习数数。"

闺蜜的一番肺腑之言，让我们几个做妈妈的略有所思，这时，我突然想起我家小咪咪6个月左右时，最喜欢玩的传手游戏。那时，咪咪爸给她买了好多这个年龄的孩子手能握得住的小球，开始玩的时候，我们只给她两个小球，当小咪咪轻松地一手拿一个球时，我们就会说："左手一个球，右手一个球。"后来，等我们再说"左手一个球，右手一个球"的时候，小咪咪就会乖乖地一手拿一个，炫耀地走到我们面前。看样子，这个游戏一点也难不倒她，更关键的是，这个游戏让女儿明白了"一"这个概念。

当我兴奋地和闺蜜们分享这个故事时，大家你一言我一语，似乎都身怀教育自己宝宝的独门秘籍，这也让我不由得想说，不是每个人都有机会成为育儿专家，也不是谁都可以做专业的幼儿老师，但是妈妈的天职会令我们自觉学习，并渐渐成长为最适合教育自己宝宝的启蒙老师。

说给菜鸟妈妈听

数学能力可以说能决定一个人一生的生活和职业选择。那么，又该如何从小就开发孩子的数学潜能，这无疑是每个父母都应该重视的。

智慧小博士

数学能力是人类智能结构中最重要的基础能力之一，人类认识自然界的一个重要方面就是认识自然界的各种数量关系和形状、空间概念，并通过利用这些来改造自然。

对于婴儿期的宝宝来说，也许，很多家长会认为他们一天到晚除了吃吃喝喝就是躺躺睡睡，至于数学智能的开发更是很遥远的事情。不过，即便是这个年龄的孩子也能做一些简单的加减运算，这听起来并非不可思议，而是确实如此。

有这样一些研究很值得我们关注。比如，研究者先不断地给3个月的婴儿看一系列的电脑画面，每一个画面都包含三朵花、三个气球、三只熊这三件东西；然后，当这些婴儿面前偶尔出现两颗苹果或两只青蛙时，正在吸吮的小宝宝会呼吸得更快或是看得更久，这就表明他们能觉察数量的差异。比如，研究者先在5个月婴儿的眼前呈现两支笔和三颗球的画面，如果他耳边听见的是两声鼓声，那么他的眼睛就会盯着两件东西的画面，这就意味着此时的婴儿能将画面和声音配对了。

这么看来，这个年龄的宝宝已经具备基本的数量分辨能力。下面这些我们都很熟悉的亲子游戏就能说明这一点。

当家长和宝宝一起听熟悉的乐曲时，大人会一边抱着宝宝跳舞，一边握着他的小手随节拍敲击。如果在你的家里亲子之间也经常听同一首乐曲，你也经常和宝宝做同样的动作，那么，你一定会发现，在宝宝满月前后就会用脚蹬踢表示喜悦，而3个月前后还会出现按节拍蹬踢的动作。其实，节奏和韵律就是听数的前提，宝宝按节奏蹬踢表示他们可以按节奏听数做动作了。不过，这种时候，请家长牢记，当宝宝随乐曲做有节奏的蹬踢动作时，你一定要用你的拥抱和赞赏来表示鼓励。

有些宝宝在6个月左右时，他们的小手已经比较能干了，能一手拿一个东西，并且对敲。这种时候，大人也常常学孩子的样子，一手拿一个，并"叮叮咣咣"地对敲。虽说此阶段孩子还未真正懂得"两个"的意义，但是在孩子的头脑中会产生这样一个概念："两个"同"敲响"产生了联系，"两个"不同于"一个"。当然，为了激发孩子的数学潜能，家长一手拿一个东西时，可以念念有词地说："一手拿一个，我有两个。"

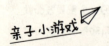

运用小游戏可以很好地发展宝宝的数理逻辑能力，跟宝宝一起玩《数字

歌》的游戏，一起享受快乐的亲子时光吧。

开始游戏喽：这个游戏要求家长边唱儿歌边做动作，具体规则是：唱第一句："１２３４５，跳个圆圈舞"，做"手拉手，拉个圆圈"的动作；唱第二句："２３４５６，屁股扭一扭"，做"双手叉腰，扭屁股"的动作；唱第三句："１２３，４５６，左扭扭，右扭扭"，依次做"双手叉腰，向左扭；双手叉腰，向右扭"的动作。

再叮咛几句：这个游戏可以增强孩子对数字的探知欲，并感受运用数字的乐趣。

2. 会辨认物品大小了（7~12个月）

孩子自出生起，成长速度就非常快，无论是体重还是身长，还有一点是家长非常关心的，就是宝宝的智力发育。那么，在宝宝半岁左右时，数学逻辑智力发育到什么程度呢？

聪明妈妈私手记
by小点点妈妈

　　我家小点点八九个月左右，正是迷恋抓软乎乎东西的时候，只要大人一刻不在身旁，小家伙就会来个翻箱倒柜，把家搞得一片狼藉不说，还把自己搞得浑身上下到处都是黏黏糊糊的样子。那场景简直让人哭笑不得。

　　但是有一天，当爷爷从采摘园带回满满一袋子的橘子时，我们对小点点爱抓东西的"淘气本性"开始另眼相看了。

　　记得当时，爷爷特意从好多橘子中，挑了一个最大的和最小的，并把它们并排摆在小点点面前。小点点见了，一抬手就朝那个大的伸去。"孩子为什么会毫不犹豫地去抓大的呢？"这一幕让在场的几个大人都看得有点目瞪口呆。

　　后来，我与一位在早期教育机构从事教学工作的朋友谈起这件事情时，这位朋友是这样解释的：这个年龄的宝宝会用眼去估量，能分辨出大小，辨认大小是孩子认知世界的基本技能，这和辨认颜色和形状同等重要，是宝宝成长和学习的基础。尽管此时教孩子辨别大小也许得不到回应，但是坚持不懈的训练、正确的教育总会看到潜移默化的效果的，让孩子尽早认知世界，走在智能开发的前端这才是最重要的。

听了朋友的这番话，我也发自内心地希望自己可以做一个更专业的妈妈，于是，我充分利用宝宝身边的东西来进行这方面的训练，为什么这么说呢？记得一位教育专家曾说过，将教育生活化，这种根植于生活中的教育才能创造奇迹。

之后，我为小点点准备了好多大小相差很大的玩具球、苹果、小勺、桔子等物品，然后每一次和小点点做游戏时，就会在她眼前晃动几下，而且嘴里不停地说"大"或"小"，并且反复重复着。当然，游戏的时候，我还会让小点点学着指出哪一个是大、哪一个是小。

在这些游戏中，小点点最喜欢玩戴帽子的游戏，每当我拿着大小不一的帽子，让她选择一顶戴到自己的头上时，她总会想都不想地抓起大一顶的帽子就扣在自己头上，由于帽子大、脑袋小，一戴上去，小点点就"咯咯咯"地笑个不停。

不仅如此，我还选择了一些有趣、色彩鲜艳又安全的能够分辨大小的教具，插座圆柱体就是其中之一。这个教育的绝妙之处就在于，如果小宝宝没有按照大小放到指定位置，就无法把所有圆柱体插回去。记得小点点刚开始玩耍时，只是在那里随意地摆放着，根本无法顺利完成，但是当她发现错误时，就会用她的小脑袋进行思考，然后试着去修正错误了。随着小点点月龄的增长和无数次错误经验的积累，最终她终于能把所有圆柱体正确插入插座里了。

时至今日，我依然很感谢这些小物件的帮助，恰恰是在它们的帮助下，小点点不但学会了分辨大小，而且还训练了她的思维以及纠错能力。

说给菜鸟妈妈听

这个年龄的婴儿，正处于对语言理解开始发展的阶段，当其理解了一些字词句之后，就能够理解最初级的数的概念了。在他们的日常行为中，总能表现出对数量的理解。

智慧小博士
通过日常生活中的一些习惯、游戏、玩具，就可以让孩子从小养成"数学脑"，从源头上解决孩子未来学习数学的问题。

10个月到1周岁的宝宝在大

人的指导下，能学会在大人问"你几岁啦"时竖起食指来回答。当妈妈拿一包饼干，问他"你要几块"时，宝宝会竖起食指，表示他要1块饼干。当妈妈拿一整束香蕉，问他"你要几个"时，宝宝会竖起食指，表示他要1根香蕉。而且当大人让宝宝给你拿1块积木或是1颗珠子时，他们也会准确无误地拿来。这就意味着，此时的宝宝真正懂得"1个"的意义了。

当宝宝到了周岁前后，当他们想要两块饼干、两条虾条之类的小食品时，你会发现他们会竖起中指和食指，意思是在告诉你"我要两个"。尽管此时的宝宝还不会说，但是他们已经会用手指去表示了，竖起中指和食指对他们而言，就意味着"两个"。当然，孩子的这个动作也要大人提前做好示范，如只竖起食指就给1个，竖起中指和食指就给两个。当宝宝习练多了，通过手势与食物的联系就懂得要两个时就要竖起两个指头了。但是，如果完全没有人给以示范，宝宝是难以自发学会的。所以说，在宝宝的成长过程中，是否适时地给予能够接受的指导，在其智能发展方面就显得尤为重要了。

周岁前后的宝宝很喜欢学动物叫，在家长"小猫叫喵喵""小狗叫汪汪""小鸭叫呷呷""小鸡叫叽叽"的教育下，他们也有模有样地模仿着。最开始的时候，宝宝只是轻轻地叫一声，多次模仿之后，就会连叫两声，如喵喵、汪汪、呷呷、叽叽。有的宝宝在得到大人的鼓励后，有的最多还会连叫三声，如喵喵喵、汪汪汪、呷呷呷、叽叽叽。

为了更好地开发宝宝的数学能力，家长可用手指发命令。比如，当家长举起食指时，家长和宝宝都只叫一声"喵"，当然，如果能指着图片或是动物模型玩具来说就更好了，指猫说"喵"，指狗说"汪"，指鸭说"呷"，指小鸡说"叽"。再比如，家长举起食指和中指时，就指着图片连叫两声；当家长举起食指、中指和无名指时，就指着图片连叫三声。反复几次这样的练习，宝宝就会一面看手指数目一面看图片，按家长的要求叫几声了。

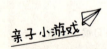

亲子小游戏

简单的小游戏有助于提升宝宝的数学逻辑能力，下面这个《分鸭梨》的游戏就是其中之一。

开始游戏喽：家长先备好食物，一边哼旋律，一边指示宝宝。例如："小宝宝，分鸭梨。大鸭梨，给爷爷。小鸭梨，给宝宝。大家一起吃鸭梨，甜甜蜜蜜真高兴。"

再叮咛几句：这个唱儿歌的游戏不仅可以让宝宝学会分辨大小，还可以让宝宝学会尊重长辈喔。

3. 有趣的数字（1岁~1岁半）

数数，就是让宝宝熟悉数的序列，这是数概念形成的基础。怎样让宝宝学得有趣，就需要家长不断寻找适合宝宝的方法，让宝宝乐在其中，让他和数字成为好朋友。

聪明妈妈私手记
by暖暖妈妈 👣

暖暖1岁3个月的一天，中午，全家人在一起吃饭。当时，暖暖已经把三个半碗的面条给消灭掉了，看样子，此时宝宝的嘴巴运动能力已经大大下降，他开始寻找新的"活动"。

只见暖暖在桌面上快速地搜索了一下，一瞬间，他发现了猎物，不由得激动地说"啊，有喜糖"，心想这下可以玩装糖果的游戏啦。

暖暖兴奋地拿起第一颗糖果，毫不犹豫地放进奶奶的口袋里，嘴里还振振有词地说了一个"一"字。接着，暖暖又拿起第二、第三颗糖果，嘴里也同样数着"二""三"。

之后，暖暖又拿起第四颗糖果，再次放进了奶奶的口袋里。这一次，暖暖没有说什么，只是巡视了一下我们大家。

紧接着，第五颗糖果又放进了奶奶的口袋里。

这时，我很自然地问他："暖暖，这是第几颗糖果啊？"

暖暖很轻松地答道："第五颗。"

看到这一幕，我不由得激动起来："我的宝宝知道数数了。"

说着奶奶也高兴地鼓起掌来："暖暖真聪明，来，让奶奶亲亲。"奶奶高兴地亲了孙子一下。暖暖似乎还不满足，把脸伸向我。"来，妈妈也亲一个。"

其实，早在这之前，我们已经教过暖暖学数数了，只是他从来都不肯合作。那时，如果我在桌上摆了3颗糖果，当我教暖暖数数看有几个时，他从不听从，总是快速地从一说到十。类似暖暖这样的情况，我还真没少见。从一到十几，他们常常能够背得朗朗上口，可是，一旦大人在他们面前摆上十几件物体，叫他们一个个数的话，孩子却怎么也数不上来。

这么看来，教孩子数数并非像表面中的那么容易啊。后来，我又查阅了不少相关的专业书籍，更进一步证实了这一点：叫孩子发出一、二、三这些音，和教他们数数是不一样的。只不过，家长用巧方法了，宝宝觉得好玩有趣了，数数才会变得顺理成章。为此，我常常会把对孩子的智力开发融入点滴生活中。

不知不觉，暖暖会走路了，每每这种时候，我总会拉着他的手，和他一起上楼梯。当然，也有一些时候，上下楼梯这种活动会让孩子感到疲倦而无味。这时，我就会借机带着暖暖一级台阶一级台阶、一层一层地数数，在不知不觉攀爬楼梯的过程中，不仅能让暖暖的数学逻辑智能有所提升，而且暖暖吵闹着要大人抱自己上楼梯的状况也会大大减少。

说给菜鸟妈妈听

在宝宝的成长过程中，最先接触的数学活动就是学数数，数数是宝宝学习数学活动的基础，然而，由于数本身的抽象性，使家长对宝宝的数学教育显得过于枯燥化，宝宝容易对数学活动不感兴趣。那么，作为家长，又该如何让宝宝体验到数学的乐趣，进而学得轻松、学得有趣呢？下面几个方法就能潜移默化地教孩子学会数数。

> **智慧小博士**
> 日常生活中，家长要随时随地把握机会教宝宝数数，让宝宝感觉数其实就存在于我们身边，让他觉得学数数是一件快乐的事。

1. 教宝宝学背数。在孩子很小很小的时候，我们就经常给他们唱这样的儿歌："一二三四五，上山打老虎……"其实，这种富有韵律的儿歌就是很好的背数歌。而且在宝宝还不会说话的时候，家长就可以通过做婴儿操、上楼时数台阶这些方式，来给宝宝背数听，这样宝宝很快就能学会数数了。

2. 教宝宝手口一致点数。在学习手口一致点数前，家长可以在游戏中让他们建立一些"数前概念"。比如，家长可以引导孩子将火车积木当做车厢，再一块接着一块地排起来，这是数数的基础之一；再比如，家长还可以引导孩子学认"一样多"，家长先给孩子示范如何在桌子上摆出1~2个棋子，再让宝宝也拿出一样多的棋子。

亲子小游戏

简单的小游戏有助于提升宝宝学习的欲望及能力，家长不妨带宝宝一起来学数数吧！

【游戏1：数字歌】

开始游戏喽：家长与宝宝一起唱有数字的歌，比如，"一、二、三、四、五、六、七，我的朋友在哪里"，或是和宝宝一起念有数字的口诀，比如，"一只手指头，一只手指头，变呀变呀变成毛毛虫。两只手指头，两只手指头，变呀变呀变成小白兔。三只手指头，三只手指头，变呀变呀变成小猫咪"。

再叮咛几句：这个游戏主要是通过音乐、肢体及语言的配合学习数数。适合1岁半左右的宝宝。

【游戏2：每人分1个】

开始游戏喽：家长先准备一盘苹果、一盘梨（每盘在3个左右）。先问宝宝"这是什么"，让他认一认盘里放的是什么，再对宝宝说："我们来分苹果吃，请宝宝来给大家分，每人分1个。"宝宝分水果时，家长可以应和着说"爸爸1个"、"妈妈1个"、"我1个"。若分对了，家长要说谢谢，并同宝宝一起开心地吃苹果。之后，家长再让宝宝分梨，方法同上。

再叮咛几句：此游戏可以帮助孩子理解数字，游戏中所用的材料可以任意选用。不过，若是食品，切记别让宝宝吃得过饱。

4. 将数字延伸到现实（1岁半~2岁）

这个年龄的宝宝对颜色和形状已经有一定的识辨能力，鼓励并引导孩子做一些"分分类、配配对"的游戏，可以为宝宝数的练习奠定基础。

聪明妈妈私手记
by 童童妈妈 👣

就像教母语一样，最初我只是带着女儿童童听数字。还记得童童4个月大的时候，每天我都会带她出门散步。往往这时，只要有阶梯，我都会带着她数：1、2、3、4、5，就这样，一数就数到了1岁半。而且在这一过程中，我还会给童童念有关数字的儿歌："一二三四五，上山打老虎，老虎没在家，打只小松鼠，松鼠有几只？我来数一数，数来又数去，一二三四五。"随着童童语言智能的发育，我还会给她念有关数字的唐诗："一去二三里，烟村四五家，亭台六七座，八九十枝花。"通过这些方法，小童童渐渐地可以从1数到10了。

为了加深童童对数字的印象，在她一岁半到两岁的那段时期，我们还经常在一起玩运豆子的游戏。事先，我会准备一些再普通不过的材料，有大小不等的各类豆子（10颗），有彩色珠子，有小勺一把，也有小碗两只。接下来，我就会在一只碗内装10颗豆子，用小勺一颗一颗地盛起，再放入另一只碗中，边这么操作的时候，口中边数数："一颗、两颗、三颗……"反复这种练习之后，我还会来点小插曲，我会铺一张大白纸，把10以内的各种数量的豆子都分别摆在上面，这样就能一目了然地知道谁多谁少了。当手边没有豆子的时候，我会拿扑克牌来指给童童看。就这样，童童很快就理解了数字对应的数量多少这一概念，也明白了大与小、多与少等概念。

关于这一点，专业育儿书是这么解释的：大小是指懂得比较逻辑的基础上，对同一类或不同类事物的体积进行比较，是一个相对的概念。一般来说，2岁的宝宝对数字开始有认识，但是由于他们对数字之间的比较能力是非常有限的，反而对物体的大小、长短、高低这些直观形象比较敏感。

为此，我会从物品外形的大小开始，再针对长短、高矮等其他特性，逐步发展孩子的数学逻辑能力。比如，我会准备两双鞋子，一双童童的，一双我的。游戏时，我先把两双鞋子一起摆出来，对童童说："一双大（穿进去大的），一双小（穿进去小的）。"这时，我看到，当童童穿上我的大鞋子时，乐呵呵地笑个不停："丫丫不见了。"于是，我又引导她换上自己的小鞋子，这时，童童的嘴角又微微上翘起来，那表情似乎在说："真合适呢。"为了让童童更好地明白大与小，我还会试穿她的小鞋子，然后问童童："妈妈穿不上，那么妈妈的脚大还是宝宝的脚大啊？"童童的回答总是让我非常地满意。

🐦 说给菜鸟妈妈听

这个年龄的宝宝能够准确运用量词；知道"1"和"许多"的不同；能把一样的（同样、同色、同质地的）物体进行匹配；能从物体不同的认知特点进行分类，比如，相同颜色不同形态或形状的物体；相同形状不同颜色的物体；相同质地不同颜色的物体，等等。总之，此阶段宝宝已具有一定的分类和归类能力。

> **智慧小博士**
> 宝宝的分类想法或许比较天马行空，家长也不可以成人的观点过于苛求或矫正。试着让孩子自由自在地成长，他们才能找到正确的方向。

此外，这个时期的宝宝对于图形、色彩、分类等与数学能力相关的概念也能灵活掌握。因此，家长应该在生活和游戏中多教小孩一些相对概念，如大与小、高与矮等，并让宝宝进行比较，同时多和宝宝玩一些归类、配对的游戏。

亲子小游戏

为了促进孩子数学逻辑能力的发展，家长不妨带着孩子一起来玩玩下面这些游戏：

【游戏1：谁的多】

开始游戏喽：家长先准备一副棋和一个棋盘，和宝宝围着棋盘坐下。家长让宝宝决定选哪种颜色的棋，宝宝决定好后，家长和宝宝各自拿好自己的棋子。然后，家长说："开始！"双方各自将自己的棋子排列到棋盘上，直到家长喊"停"为止。最后，家长让宝宝比较谁排的多、谁排的少，游戏可反复进行。

再叮咛几句：游戏结束时，家长提醒孩子将棋子一个一个收回盒子里。比如，放一个，口中说："1个。"再放一个，再说"1个"。这样有助于使宝宝理解"1"的概念。另外，游戏时，家长也可有意比宝宝排的少，以激发宝宝的游戏兴趣。

【游戏2：分分类，配配对】

开始游戏喽：家长先备好红、黄、白等不同颜色的小球若干个，家长再任意取出一种颜色的小球，并让宝宝也取颜色相同的小球进行配对。

再叮咛几句：家长也可以备些颜色相同但形状不同的物体，让宝宝进行分类、配对，若家中有两个或两个以上的宝宝，还可以进行"看谁拿得对和快"的游戏。反复这个游戏可以训练宝宝对图形的观察和判断能力。

5. 逐层进化的归类游戏（2岁~2岁半）

初为人母，可爱的小宝宝可能会让爸爸妈妈们手忙脚乱。但是，宝宝的一举一动却万万不可忽视，要知道，宝宝的数学逻辑能力也在潜移默化地发展着。这个年龄的宝宝除了听听说说有趣的数字外，在数学智能方面，还有哪些表现呢？

聪明妈妈私手记
by梅子妈妈 👣

我刚荣升为妈妈的那几年，就经常听到其他父母崩溃地说自家孩子认数时，如何不肯学、如何教不会。其实，当时的我很想安慰他们不要着急，也很想知道他们是否开始着手为孩子识数做准备工作了。有的时候，陪宝宝一起玩玩有关数字的游戏，这比不经过任何铺垫一上来就教孩子学数的效果要好得多。

在女儿梅子很小的时候，我带她外出时，都会和她絮絮叨叨地说很多话，一路上，从读车牌、看路标到电话号码，等等。所有我看到的数字，都会一个不落地灌输到孩子的大脑中。就这样，输入积累得多了，有一天，梅子忽然就自己开始进行输出了。其实，现在想来，这一切完全是一个自然流淌的过程，不存在强制和刻意的教学，孩子掌握起来也非常轻松，并且愿意进一步深入。

当梅子经历了与有趣数字听听说说的过程后，我就经常和她玩一些逐层进化的归类游戏，而梅子对数学的了解和喜爱也是从这些游戏中逐渐开始的。虽说这些游戏的难度是逐层递增的，但是无一例外地非常好操作。

下面这个《找同类》的数学游戏就是其中的一个。

比如，我会准备两个正方体和三个球体，一个正方体给梅子拿好，另一个正方体混在球体中，并一起放在桌面上。接下来，我会问梅子："梅子，你找找看，桌面上的哪一个物体，和你手中拿着的一样啊？"

又如，我会在一张纸上画两个同样大小的方框，其中一个方框里画一个三角形，另一个方框里画一个三角形和一个正方形。画完后，我会问梅子："请你看看，这个小三角形的同伴在哪里？把它找出来吧。"

这些游戏的形式都非常简单，同样的概念我也会用"找不同"的方式来让梅子感觉。比如，我会在一张纸上画出几个相同图案和一个不同图案，让梅子把它们分辨出来。经常做这样的训练对孩子的数学智能和图像记忆的提高非常有帮助。

随着梅子的逐渐长大，我也会加大游戏难度，于是，我会尝试下面几种游戏：把许多看似相同的图案混在一起，让梅子分辨出哪些图案是完全一样的；让梅子对三角形、四边形、五边形、六边形进行区分；把夏天的衣物和冬天的衣物混在一起，让梅子来分类；将水果和蔬菜混在一起，让梅子进行区分归类。

当周围熟悉的爸爸妈妈们知道我的这套育儿心得时，不免会问这样的问题："我怎么会想出那么多好玩的办法呢？"其实，这一点都不是问题，现在市场上有许多益智书都可以作为参考内容，像阶梯数学、神奇贴纸、数学逻辑游戏，等等。只要你把书中内容制作成现实版就可以让孩子玩得很过瘾了。

再者说了，每个孩子都有他们自己与生俱来的个性和特点，家长在实施早教的时候，先要将这些内容认真地考虑进去，然后再根据孩子的兴趣来设计游戏内容，总有一天，你会发现这种润物细无声的教育方式既扩展了孩子的兴趣面，同时又培养了他们的主动思考和探索的习惯，而且短短几年的亲子时光也会变得无比美好。

说给菜鸟妈妈听

此阶段的宝宝可以口头数数到10~40，得到家长正确指导的宝宝可以数到

20，而未得到家长特别指导的宝宝只能数到10。

多数两岁的宝宝能点数到5，而清点5以上数量的物品就感到非常困难了，这里的点数

智慧小博士

宝宝两岁时，能记住三件事情或拿三样东西，比如，到卧室取板凳、在床下拿拖鞋、到卫生间拿毛巾，如果得到鼓励就会干得更好。

就是点着实物数数。不过，宝宝点数时往往手口不一致，不能准确地说出总数，比如，经常出现手点的实物的个数，与口说的数词不一致的情况，不是手点得快、口说得慢，就是口说得快、手点得慢，漏数和重复的情况也时有发生。这是因为此阶段的宝宝还没有掌握数词的实际意义，不懂点数时必须将被数物品中的个数与自然数数词建立一一对应的关系。

多数两岁的宝宝能正确拿取3个物品，个别优秀的宝宝还能学会双手拿取，正确拿取4个物品；多数两岁的宝宝能正确偶尔认2~4个数字，经过指导的宝宝能认识10个阿拉伯数字；多数两岁的宝宝能认识6个几何图形，而1岁半之前只认识3个。另外，宝宝两岁时，会从经常去的地方（比如小区便利店或附近超市等）自己认路回家。

亲子小游戏

生活中，只要你愿意做一个用心的父母，无论是和宝宝一起用餐、游戏，还是带宝宝外出、旅游，利用好这些机会，都会随时随地对宝宝进行数学智能的训练。下面这些游戏就有助于培养这个年龄段宝宝的数学智能。

【游戏I：认识数字"5"】

开始游戏喽：这个游戏需要小羊、小鸡、小狗、小猫、小兔的图片及字卡，数字卡片"1~5"。

家长先引导宝宝："宝宝，今天妈妈为你请来了几位客人，小羊、小鸡、小狗、小猫、小兔，让它们来和我们一起做游戏吧。"然后，家长出示5种小动物的图片，并出示相应的字卡"5"。接着，家长再拿出画有秤钩的图片，与字卡"5"上下对齐，让宝宝比较，并用小手指出相同点。之后，家长用儿歌总结："5像秤钩来买菜。"边和宝宝一起点"5"，边一起念儿歌。最后，

家长把"1~5"的数字卡片一一罗列，让宝宝从中找出"5"，并念出相应的儿歌。

再叮咛几句：这个游戏将数字转换成具体的形象，小孩子都非常喜欢这种玩法，一来熟悉了数字的笔画和特点，二来还培养了孩子的想象力。

【游戏2：点数"5"】

开始游戏喽：这个游戏需要准备红、黄两种颜色的纸花各5朵，字卡"1~5"，还有"花"。家长先把同一颜色的5朵花摆成一排，让宝宝点数，点完后总结："有5朵花。"家长再把5朵红颜色的花摆成散状，让宝宝练习点数，点完后总结；紧接着，家长再摆出5朵黄颜色的花，让宝宝数完后说出总数。最后，家长将5朵花逐个拿出，让宝宝一朵一朵地点数，从而让宝宝学会点数1~5。

再叮咛几句：这个游戏可以引导宝宝手口一致地顺数5以内的物品。

6. 难度逐级递增的游戏（2岁半~3岁）

2岁半到3岁的孩子，更接近数学、更喜欢数学了。通过各种各样的亲子游戏，既能让孩子慢慢地了解及建立起他与周围世界的关系，又能将孩子的数学逻辑能力发挥得淋漓尽致。

聪明妈妈私手记

by 小蜜桃妈妈

常言道："3岁小孩黏人精。"我家小蜜桃在这个年龄，对任何事物的态度都极其认真，令我们当大人的自愧不如，凡事喜欢追根究底，"动手动脚"。

不过，即便如此，我们也从未对这个"调皮捣蛋"说三道四，指指点点地抱怨"孩子怎么一身坏毛病啊"。其实，小宝贝们之所以会有这一面，正是因为他们已经有了简单的逻辑思考，可以运用自己了解的数目、概念及工具架构自己的小世界了。所以，如同以往任何一个阶段一样，我们在照看小蜜桃时，同样付出的是耐心和放手，让小蜜桃自己有更多思考的机会和动手的机会，给她更多的主动权。

提起小蜜桃在2岁半到3岁这段时期，数学逻辑能力的培养更是有诸多可圈可点之处，下面我就将这个过程总结出来给大家做个参考。

在我们家里，客厅的一面墙上，齐刷刷地摆了一排各种各样的书。从小蜜桃出生到现在，我只要有时间，给她"喂故事书"的动作从来都没有间断过。不过，有一天，我突然发现小蜜桃对哪本书更厚、哪本书又更薄产生了兴趣。

于是，我停下手里的工作，从书架上挑选了几本薄厚不同的书。当小蜜桃手拿一本儿童画报，而我手拿一本厚厚的英文字典时，我故意问她："小宝宝，你说我们俩谁的书厚啊？"小蜜桃摇晃着脑袋，喜滋滋地说："妈妈的书比我的书厚。"

为了让小蜜桃更深刻地理解厚与薄的概念，我又鼓励她："那么，接下来，请你找一本更厚的书吧。"话刚说完，小蜜桃就热情十足地找起来。当她像发现至宝一样，活蹦乱跳地告诉我的时候，我又"得意扬扬"地说，"看，我的这本书，比你找的书还厚呢。"于是，好胜心极强的小蜜桃又专心致志地投入自己的"工作"中。就这样，我们母女俩一玩就是一个多小时。当然，下次再玩此类游戏时，我们还会倒过来玩，比一比谁的书更薄。

为了锻炼小蜜桃探究事物的逻辑思考智能，我还会引导她观察生活，在潜移默化中培养孩子的数学逻辑能力，下面这个《冰块到哪里去了》的游戏就是小蜜桃非常爱玩的。

其实，这个游戏还得从一个生活细节说起。记得有一次，我家冰箱的冷冻室不知何故结了又厚又大的一块冰块，当时，小蜜桃见了，蹲下身子，靠近冰箱，瞪着大大的眼睛好奇地问我："妈妈，这是什么啊？"

我灵机一动，何不鼓励她摸一摸，感受一下冰的凉呢。要知道，孩子只有通过自己的亲身体验，才能获得真正属于自己的知识经验，而且对于年幼的宝宝来说，亲自动手才是最有效的学习方式。小蜜桃试探性地摸了摸，似乎并没有觉得多冷，小手还在上面滑溜了一下，看样子，她对这个"大块头"还是蛮有兴趣哦。

后来，我用冰箱专用的小铲子把冰块给敲了下来，放在全透明的玻璃锅里，还真是结结实实的一大块啊。然后，我又在玻璃锅里倒了些热水。在这一过程中，小蜜桃一直专注地盯着我的一举一动，生怕有哪个细节被遗漏了。当然，我也丝毫没有丢掉这个启蒙教育的最好方式。

就这样，我们母女俩一直盯着眼前的这个"大块头"。没一会儿工夫，小蜜桃尖叫起来，"妈妈，你快看，冰块变小了。"其实，这一变化我是早有预料的，只是从一开始就装出一副非常期待的样子，看到小蜜桃的反应，我更是用疑惑的口吻问她："咦，这是怎么回事呢？"小蜜桃也瞪着大眼睛，不知所措地说："冰块到哪里去了？"又过了几分钟，小蜜桃又尖叫了："妈妈，冰块不见了？"再后来，小蜜桃甚至还发现了，玻璃锅里的水在增加。看着女儿一点点的变化，我的嘴角也不由得翘了起来。

后来，我找了一本幼儿画报，那一期的专题刚好是讲生活中的自然现象，当我一字一句地讲给小蜜桃听的时候，她那个专注劲儿让我至今都难以忘记，尽管此阶段的孩子还尚未理解其中的真正奥秘，但是让孩子从小观察冰块慢慢变小直至消失的过程，这种于生活中的教育总能潜移默化地根植于孩子的内心，像肥料一样灌溉她这棵小嫩苗。

说给菜鸟妈妈听

婴幼儿期是人类数学能力开始发展的重要时期，在宝宝0~3岁这个年龄段，家长应该引导和启发他们接近数学、喜欢数学、学习数学，因为儿童思维能力的发展正是从这样一些基本的"细胞"开始的。

> **智慧小博士**
> 家长开发孩子智能的同时，也不要忽略对孩子社会性智能的培养，要设法带他们到公园或广场等孩子们聚集较多的场所，使他们融入群体之中。

对于2岁半到3岁的宝宝而言，此时正是他们计数能力发展的关键期。在这一阶段，宝宝知道数数是有意义的，开始了解数字的名称是有其象征性的作用的，尽管数小数时不再漏背或混淆数字的前后顺序，但是数大数时仍会出错。

此时的宝宝会进行简单的计算，能准确计算出在一组数量不多的物体中增加或减少一至两个物体后的结果。与此同时，这个阶段宝宝对分类的复杂性提高了，对于同一个物体既能将其归入基本类别，又能将其归入所属的更大范围的群体，比如，狗、动物；椅子、家具。而且此时的宝宝能比较长短、厚薄，为此，家长可以引导他们善于发现近似事物中的不同点和不同事物中的相似点。同时，他们也具备了一定的独立解决简单问题的能力。

亲子小游戏

为了让宝宝获取更多的数学体验，家长可以随时随地利用家里安全轻便的物品来开展数学游戏活动，这种教育方式总能让孩子将其中奥秘熟记于心。下面这个《分分类》的游戏就是一个很好的例子。

开始游戏喽：家长先准备一些印有家具电器等图片的旧杂志，并把这些物品剪下来，比如椅子、电视、锅碗瓢盆、床等，还可以剪一些家里常见的物品，像热水壶、毛巾、书等。家长再把这些图片放在地板上，让宝宝帮你把家具和其他东西放进正确的房间。

再叮咛几句：如果宝宝问"为什么这些要放在一起"或是"它们是用来做什么的"等问题时，家长一定要耐心地一一回答。另外，宝宝每放对一样物品，大人都要及时给予表扬。如果宝宝放错了，大人就让宝宝重复这件东西的用途，引导他放进正确的房间里。

7. 在生活中轻松养成数学思维（3岁~4岁）

引导孩子在观察世界、体验生活的过程中，轻轻松松地培养数学思维，有的时候，就是这么的简单。

聪明妈妈私手记
by果子妈妈 👣

　　果子从出生起，我和果子爸就有意识地培养她的数学能力。果子在3岁左右开始，越来越迷恋玩过家家，而且极其向往厨房游戏，动不动就想拿起大人使用的刀具切东西，当然，这是行不通的。于是，我在网上给她买了一套纯木头制作的切切组。这之后，果子就极其享受地切着、玩着、成长着……

　　最初的时候，我会给她准备一块蜂蜜蛋糕，还摆出架势要给她示范，没有料到的是，果子似乎天生就遗传了他老爸的天赋，一进厨房就活灵活现，竟然能有模有样地一切为二，而且她的水平还不低咧，两半竟然一样大哦。

　　有了蜂蜜蛋糕的初次尝试，接下来，苹果也被一切两半，一块大面包也被一切两半，而且每一次的发挥都很稳定，两块基本上都一般大。

　　当然，每次游戏时，我们和果子也并非单纯地为了玩而玩，还会有意安排一些小情节，提示她学会观察。比如，我会说："看，这是一个完成的蛋糕（突出'蛋糕'两个字）。""我们在它中间切一刀，看看它会变成了什么？（突出'中间'两个字）。"

　　就这样，果子渐渐接受了"完整、二等分"这样的概念，对整体是如何变成二等分的也有了直观的认识。后来，与一位儿童心理学家聊起这个话题时，他告诉我，三四岁儿童的认识活动往往依靠动作进行。让他们说出某一小堆糖有几块，他们只有用手一块一块地数才能弄清楚，而不会像大些的孩子那样在心里默数。

有了这次小成就，我又大步流星地往前走。为了让果子更清楚地认识二等分，我又琢磨了一个好办法，而且这也能无形中鼓励她自己操作，比起玩"切切组"来说，还能锻炼孩子的手眼协调能力呢，简直是一举三得啊。

在果子认识了二等分之后，我又引导她进行三等分和四等分的认识。果子喜欢吃我亲手烤制的蛋糕，于是，我就拿蛋糕和她一起切分。最初，果子会和我一起参与蛋糕的制作，到后来，我们俩又成功地把整个蛋糕切分出几块均匀的蛋糕块。在这个过程中，果子收获了快乐与对生活的体验，而我萌生的那种自豪感更是难以用语言来形容。关于三等分的认识，这里还有一个小插曲。为了加强果子的认识，我会借助一个小工具来完成，那就是外出时找辆奔驰车看看车标，哈哈，没想到，难度降低了，果子也记得更牢了。

说给菜鸟妈妈听

三四岁的孩子可能运用分析、比较等思维方式，做出简单的判断和推理，从而解决简单的任务。比如，他们会复述4~5位数，倒数3~1或5~1；认识若干个汉字，十个以内的数字；可以背数到20，点数到8；还能拿取5件玩具等。

不过，此阶段的孩子只能理解具体的事情，不会作复杂的分析综合，只能作直接推理，不会进行逻辑推理。比如，在幼儿园经常会看到这样一个现象：上课时，如果有一个孩子嚷嚷着要上厕所的话，其他孩子往往会一个跟着一个学，也要去。这时，老师只好无奈地说："好吧，都去都去！"孩子们就如离弦的箭一样，一下子全跑光了。其实，这个现象也是在告诉每位家长朋友，对孩子提要求时，一定要做到具体，最好这么说："眼睛看着妈妈（爸爸）！"而不要这么说："注意听讲！"要知道，三几

智慧小博士

大脑不是一个需要被填满的容器，而是一个需要被点燃的火把。

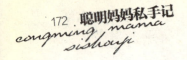

岁的孩子还不易接受这种一般性的抽象要求。

具体从三四岁的年龄层次来看，在数学逻辑能力方面，呈现出哪些特点？家长又该给予怎样的引导呢？

孩子在3岁1~3个月时，家长要教他们理解数的意义，而唱数和点算就是常用的方式两种方式，唱数是语言上的表达，点数是手与口的对应。为了让孩子确实了解数字的量，可以用实际物品给其点算，像2个橘子，口里说2，手上数1个、2个橘子。还可以根据这个年龄段孩子的思维特点，运用形象直观的实物和对应的字形，编成儿歌，让他们在朗朗上口的数字歌中记住并理解数字。

孩子在3岁4~6个月时，家长可以让他们玩数数器，练习一边背数一边拨动珠子。当孩子越玩越有趣时，自然就能使背数与点数接边了。而且通过拨动珠子使抽象的数落实到具体实数，这就为进一步按数取物打好了基础。

孩子在3岁7~9个月时，家长可以用积木、珠子或糖果等能摆开的小物件，教他们学5以内数的组成以及做5以内的加减法，这样孩子就会渐渐从实物运算，数东西上升到不必数物而就能心算的程度了。

孩子在3岁10~12个月时，家长可以引导孩子倒述几位数，如12应倒为21，58应倒为85。善于倒述的孩子将来在学算术时会表现出较好的能力。

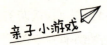

为了提升孩子的数学逻辑智能，好玩又充满学习智慧的游戏，不仅是亲子感情的促进剂，更可以让孩子在游戏中快乐成长、开启潜能。

【游戏1：伸指头】

开始游戏喽：家长与宝宝面对面坐着，一边念儿歌一边做动作。儿歌内容为："你拍一，我拍一，请你伸出指头1；你拍二，我拍二，请你伸出指头2……"一直到10。相应的动作为：念"你拍一"时，各自击掌一次，然后互击右掌一次；念"我拍一"时，各自击掌一次，然后互击左掌一次；念"请你伸出指头1"时，各自击掌3次，然后伸出一个指头。游戏中，指头要随数增加，超过5就用两只手表示。

再叮咛几句：此游戏可以利用手指巩固宝宝对10以内数的认识。

【游戏2：看谁找得快】

开始游戏喽：游戏时，家长可以让宝宝在家里找出哪些东西是"1"，比如，1台电视机、1台冰箱、1张桌子、1只花瓶，等等。再让宝宝在家里找出哪些物品是"许多"，比如，许多椅子、许多衣服、许多鞋子、许多碗筷、许多毛巾，等等。

再叮咛几句：这个游戏可以巩固宝宝对"1"和"许多"的认识。

8. 逆向思维的训练（4岁~5岁）

4~5岁是孩子思维活动发展的关键阶段，也是孩子逆向思维发展的关键阶段。不断丰富孩子的知识，发展他的语言智能，帮助孩子学会从正反两方面思考问题，就是此阶段对孩子进行逆向思维训练的主要内容。

聪明妈妈私手记
by 雯雯妈妈

有一次，我、雯雯，还有雯雯小姑一起玩摆棋子的游戏。雯雯小姑是位小学老师，玩着玩着就使出了小招数，打算训练并考核一下雯雯。

雯雯小姑问她："黑的放两个，白的放一个，一共是几个？"雯雯很顺利地说出了答案。

然后，雯雯小姑又"趁胜追击"，接着问她："那么，黑的放一个，白的放两个，一共是几个呢？"这一次依旧没有难倒雯雯。

做了半天都是这类的题，看着雯雯初步找对了感觉，小姑才松了一口气。

事后，小姑跟我絮叨起来，"在我们班里，有几个孩子，数学一塌糊涂，知道1+3等于4，但是一问他们3+1等于几就摇头了。为此，每天我都会反复教他们，累得我嗓子都快哑了。"

小姑的心事让我突然警觉了，原来这是逆向思维的事儿，孩子之所以会出现这种问题，是因为他们的逆向思维的锻炼没有跟上。

我记得一本育儿书中，关于幼儿逆向思维的训练有三个阶段的划分，最初开始于3~4岁，因为在这之前，幼儿主要以认知世界、熟悉身边人和事物为主。3~4岁是幼儿的直觉行动思维阶段。在此时期，他们会在轻松愉快的游戏中进行逆向思维活动，从而萌发思考的兴趣，到了四五岁的时候，孩子进入逆向思维发展的关键阶段。概括地说，就是此时的孩子开始能进行简单的抽象逻辑思维。如果家长能够利用游戏帮助孩子锻炼逆向思维能力的话，可以使他们学会从正反两方面思考问题，并作出判断。

记得雯雯4岁左右，我就经常和她做《我的这边是你的哪边》这个游戏，以训练她的逆向思维。那时的雯雯在舞蹈班学了一段时间，一想开小差了，就会讨巧地说："妈妈，今天我的舞蹈老师又教了我一个新动作，我来教你吧。"还没等我同意，小丫头就像个大人一样，照猫画虎地摆出一副架势。

"动右手。"雯雯面对我，比画着她的左手。

"那是你的左手。"我提醒她。

"老师说这是右手就是右手。"雯雯还挺理直气壮的。

"那咱俩现在看看该怎么说！"就这样，我自编自导的游戏开始了。

首先，我命令雯雯和我并列站好，我在前，她在后。这时，我提醒她看我们俩的左和右，是不是一致的。接着，我转过身，和雯雯面对面站好，问她："现在，我的右边是你的哪边？我的左边又是你的哪边啊？"

玩着练着，没想到，这个由学舞蹈引起争议后进行的游戏，竟然加深了孩子对左和右的印象。

渐渐地，当我发现雯雯的思维不再一塌糊涂了，就有意加大难度。当然，我依然以孩子的喜好和兴趣为出发点，从不会让她顺从我的意愿。雯雯喜欢玩扑克，对"拉火车"这个游戏又情有独钟。为此，我陪她玩一会儿拉火车之后，就会拿出几张来做"猜猜看"的游戏。

刚开始，我会从中抽3张牌，都摊开让她看，记住都有哪些牌，然后合起来拿走一张，再摊开，让雯雯猜我藏起来的是哪一张。等雯雯熟练之后，我就会逐渐加大难度，增加到5张，再熟练后再增加到7张，以此类推。

说给菜鸟妈妈听

逻辑思维能力是人对信息的思考、辨别、判断的能力，也是数学逻辑智能中的内容之一。逻辑思维能力强的孩子，面对复杂的情况时，能自发地运用已有的知识和经验处理实际问题，毫无疑问，这对孩子日后适应环境、适应社会是极有利的。

在逻辑思维能力中，有一种逆向思维，与一般思维方向相反的思维方式，也称反向思维。幼儿的逆向思维训练可以分为三个阶段：

第一阶段是3~4岁，此阶段属于幼儿的直觉行动思维阶段，在这一阶段，家长通过轻松愉快的游戏可以有效引导孩子进行逆向思维活动，萌发他们思考的兴趣。

智慧小博士

数学逻辑智能不是靠机械地算数学题背古诗发展起来的，而是在儿童与周围环境主动地相互作用过程中逐步成熟的。

第二阶段是4~5岁，这阶段是孩子逆向思维发展的关键阶段。在这一时期，孩子开始能进行简单的抽象逻辑思维。如果家长经常利用游戏的方式帮助孩子锻炼逆向思维能力，可以教会他们如何从正反两方面思考问题，并作出判断。

第三阶段是5~7岁，此时的孩子已经开始使用概念、判断、推理等形式进行思维活动，为此，家长可以帮助孩子从相反的视角看固有的观点、惯常的做法，这种逆向思维的训练方式有助于强化孩子的推理能力，掌握正确的思考方式，全面具体地看问题。

这个年龄的孩子在思维方式上，除了这种逆向思维外，还往往缺乏抽象的逻辑思维。比如，如果幼儿偶然将"黄"、"蓝"两种颜料混合成了"绿色"，当大人问他是哪两种颜料混合生成了"绿色"时，他可能会表现得很茫然。但是，如果大人边操作边提醒他，那么问题就会变得简单多了。

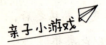
亲子小游戏

家长经常以游戏方式针对宝宝在某一阶段的智能特点进行启蒙与培养，将会极大地激发孩子的智能，下面几个游戏就值得借鉴。

【游戏1：反义词】

开始游戏喽：家长根据孩子的实际情况，说一些词语，要求孩子在比较短的时间内说出这个词语的反义词。你说"大树"，孩子说"小树"；比如，你说"白天"，孩子就要说"黑夜"，等等。

再叮咛几句：这个游戏可以积累孩子的词汇量，发展逆向思维记忆力及思维的流畅性和敏捷性，无论何时何地都可以进行。

【游戏2：我是小法官】

开始游戏喽：游戏前先准备粗细不同的3根小棒以及3根绳子。家长先将3根绳子分别在3根小棒上绕3圈（剩下的绳子长短要相同）；然后，家长让孩子判断一下，哪根绳子最长。

再叮咛几句：这个游戏可以训练孩子的逆向思维能力以及空间想象能力。孩子猜出来以后，不管是对是错，家长都可以让他亲手操作一下。

9. 小物件发挥大作用（5岁~6岁）

孩子的大脑发育就像一棵小树苗的成长，需要充分合理的营养供应和方法得当的养护，在促进孩子智能发育方面，日常生活中的小物件往往能发挥大作用，那么，针对5~6岁孩子，又该如何开发其数学潜质呢？

聪明妈妈私手记
by龙龙妈妈

龙龙快接近4岁时，我尝试教他加减法。最初的时候，是从5以内的加减学起。后来，看他说得有板有眼了，我又扩展到10以内。

可是有一天，发生了一件令我极其郁闷的事情，当我问他，比如，"6加2等于几"的时候，他就摆出一个6的手势和一个2的手势，并摆放在一起数，然后告诉我："是4！"当时我差点没有晕倒。在此之前，我已经教龙龙把从0到10的加减法全都背下来了，而且他也熟记于心，怎么还这么不长记性呢？

后来，直到我翻起一本专业的育儿书时，才恍然大悟。其实，现实中，有不少家长跟我一样，对孩子的要求是非常苛刻的，必须把10以内的加减法都背下来，甚至要熟练到能脱口而出的地步，至于孩子扳着手指头算题在他们眼里简直是一种极其幼稚的表现。

可是对此问题，很多专家却并不这么认为，在他们看来，孩子必须要经过充分的具体实践，把数与量结合起来，透过真实的材料获得数与量的结合，才能培养出抽象的加减法的概念。也就是说，当孩子真正明白了数字是怎么一回事，再在理解的基础上熟练记忆，这样才能看到理想的效果。如此看来，孩子的学习方式需要一个从具体形象过渡到抽象的过程。为此，专家又是这样建议的：先让孩子了解数字，当他们对数有了概念之后，再让他们自由地扳着手指来进行简单计算，直到这一切熟记于心。

有了这些权威人士的指点，在接下来的日子里，我赶紧"悬崖勒马"，制订了一套更科学的智能开发方案。

对于5以内的加减法只需一个巴掌就能数得清，而10以内的则要两手并用。令我欣喜的是，龙龙很喜欢这种一边听题一边数手指头的游戏，不知道是不是随身携带、拿取方便的缘故。

有了这些小成绩，我又和龙龙一起接触10以内的加减法，这时，家里能利用的小物件通通被我翻遍了，从牙签、小饼干到扣子、小豆子，等等，总之不离一个原则，那就是看起来务必要直观。当然，龙龙的表现也的确很争气。

手势代表的是数字，手指头代表的是数字，这两者之间是有区别的，虽说这两个概念相互顺利转换耗费了不少时间，但是当我每次纠正时，感受着龙龙那肉乎乎的小指头时，我就会因此而乐滋滋的。

说给菜鸟妈妈听

0~6岁孩子的思维要经历一个从具体直观再到逐渐抽象这么一个过程。当家长教孩子学数数的时候，一定要弄清这一点，明白孩子的思维处于哪一阶段。另外，教孩子学数数也要避免走入一些误区。

智慧小博士

为宝宝做数学智能提升时，家长可以给他们选用一些带有数字故事的画报。比如，"小明的猫生了五只小猫，有两只是黑色的，一只是白色的，另外，还有两只是小花猫，连猫妈妈一家六口都住在小明的床下。"

现实中，不少家长往往会陷入机械训练、记忆公式的谬误。在这种教育方式下长大的孩子，他们所掌握的数学知识只局限于表面，他们的思维结构也并没有发生改变，也就是说，他们并没有得到实质上的发展。直到有一天，当家长借助生活中的真材实料把抽象的数学知识具体而生动地呈现在孩子面前时，他们才会轻而易举地理解和掌握。可以这么说，动手操作才是孩子进行数学思维的重要方式。

另外，也有一些家长认为数学就是算术。关于这一点，著名数学家陈省声先生早已说过："我们每个人一生都花了很多时间来数学，但我们其实只是学会了计算，而不是数学。"事实上，幼儿数学不仅帮助孩子理解数的概念，还包括理解简单的几何形体、学习事物的空间关系以及时间关系，当然，还有一些简单的数学操作技术方面的内容，而且这几个方面不但不分轻重，而且缺一不可。此外，数学在发展孩子逻辑思维能力的同时，也进一步发展了孩子的观察力、注意力、记忆力以及空间想象能力。这些都是家长在引导并帮助孩子发展数学逻辑智能时，不可忽视的一个问题。

如此看来，为了真正地开发孩子的数学潜质，家长可以借助实物，引导孩子从"量"的实际体验再逐渐过渡到"数"的抽象认识，同时，自少到多、循序渐进地引导孩子完成加、减、乘、除的计算，发展孩子的数学思维。其次，家长与孩子互动时，要准备能够引起他们思维积极性的材料，像多样性的、多层次的、多功能的材料等，这样才能避免亲子互动流于形式。通过上述种种操作，孩子就能获得充分的感性经验，而且也促进了他们数学思维的发展。当然，这对激发孩子内在的学习动机也是很有利的。

亲子小游戏

生活中，有很多简单易行的游戏对提升宝宝数学智能的效果都非常显著，下面这个《听口令做相反动作》的游戏就值得借鉴。

开始游戏喽：在爸爸、妈妈、幼儿中任选一人喊口令，其余两人做动作。游戏开始时，喊口令的人说一个动作，做动作的人做一个和口令相反的动作，比如，喊的口令是"向右转"，做动作的人就做"向左转"的动作；喊的口令是"踏步"，做动作的人则做"立定"的动作。

再叮咛几句：这个游戏可以培养幼儿思维的敏捷性。一次游戏后可交换角色继续下一个。

10. 数学综合能力的培养（6岁~7岁）

生活中处处都充满着意想不到的教材，要想让孩子成为一个资质聪慧、反应能力佳的好学生，就不可错过这个绝佳的好机会，注重孩子数学综合能力的培养就显得尤为重要。

聪明妈妈私手记
by 小可乐妈妈 👣

我家小可乐6岁左右的时候，就已经认识1元、5角、1角硬币了。不过，话说回来，这还得归功小可乐幼儿园紧邻的那家便利店呢。

那时，每天我接小可乐从幼儿园出来，他就会立刻拖我到超市侧门，嘀嘀咕咕地讲："妈妈，咱们进去看看。不花钱逛逛也行。"

刚开始，我还真觉得自己的钱包这下可倒大霉了。要知道，那时的小可乐简直是见到什么玩具糖果啊，通通都想要。好多时候，在我的威胁之下，他才会有所收敛。

直到有一天，当我从一本育儿书上得知经常带孩子逛逛超市，可以加强对他们数学逻辑智能的培养时，我才开始把超市当课堂，正式着手训练小可乐的基本功。

不过，教育方式经这么一个转变，我才真发现，对于小孩子而言，超市的魅力还真是无法抵挡啊，无论是商品的色彩、种类还是形状，孩子们都是那么的好奇，难怪超市是最容易让孩子对数学加深认知的地方。

到了超市里面，我经常会拿起一件小可乐感兴趣的零食递给他："宝宝，来念念这个的保质期！"然后母子俩认真地分析起来。这个刚刚弄明白了，我又会不经意地拿下一件物品递给他，"咦，小可乐，你帮妈妈找找这个的保质期吧，我没有找到呀。"紧接着，又是一番专注的分析。这么一来二去，导致我家小可乐现在一到超市，最关心的就是保质期："来，让我看看坏了没。"食物有保鲜期这么一说，早已根植到他的小脑袋瓜里了。

其实，好多时候，食物的保质期是没有问题的，情况都非常良好，这种时候，我就会故意"找碴儿"了："儿子，这袋水饺多少钱啊？让我们看看价签吧。""咦，我看到那边还有一袋别的牌子的水饺，它又是多少钱呢？""让我们把这两袋水饺比比吧，哪个轻，哪个重呢？"就这样，在我的"斤斤计较"下，从一件产品身上，小可乐也逐渐明白了这样或那样的一些数字各自代表着什么。

当然，我还会教小可乐从超市中学习简单的加减运算。

记得有一次，我带小可乐去逛超市时，我把事先准备好的5元钱递给他，很郑重地嘱咐道："今天我们只有5元钱。这5元钱由你来负责买东西，要买两样不同的东西。"

"好！"儿子爽快地答应了，看样子，大概觉得自己这样才像大人，兴奋得不得了。

采购计划刚开始，小可乐就忘了原则，一边走一边嘀咕："我想买3块钱的草莓、4块钱的香蕉。"

"可是，你只有5块钱啊。"我在一旁认真监督着。

只见，小可乐努力地数着自己的小手指，点了点头说："啊！是啊，我的钱不够。那我买一根棒棒糖和一小袋海苔吧。两块加两块。"

"这次够吗？"我又试探性地考考他。

"够了！耶！"小可乐想都没多想就斩钉截铁地说，还没等我回应他，自己就欢快地扑向收银台，跟着大人们排队去了。

有了这次小体验，让我有了一个很深刻的感受：生活中到处都藏着育儿良机啊，只要我们肯动脑筋，总会找到生动巧妙的方法，让孩子玩中有学、学中有玩原来竟是如此的简单。

更重要的是，在超市里进行的数学游戏，不但提升了孩子的数学综合能力，更在无形中让孩子接触到真实的生活，掌握很多的知识和道理。

说给菜鸟妈妈听

幼儿的计数能力是逐步发展起来的。研究表明，一般遵循先口头数，然后点物数，再到说出计数的结果的发展顺序。

随着孩子年龄的增长，计数的技巧也在不断发展着。6岁多的儿童逐步摆脱用手触摸物体来计数，大多能直接用眼看着数，以眼的活动代替了手的活动。研究还表明，儿童到了6

智慧小博士
发现并培养孩子的数学逻辑智能，其实并不难，家长可以轻轻松松地从周围生活中的人或事物中引导孩子，以玩游戏的方式带他们进入有趣的数学世界。

岁多，基本上具有点物数20以内数的能力。而且不少6岁多的儿童开始能从中间任意一个数起接着数，这意味着儿童随着年龄的增长，逐渐在数词之间建立起较牢固的联系，并且对计数规律有了一定的理解。

与此同时，幼儿在学习计数的过程中，已经接触到数的序列结构，这是掌握数概念的一个重要组成部分。其中包括知道自然数的顺序，每个数在自然数列中的位置，数与数之间的顺序关系和大小比较，以及序数的含义。一般来说，儿童6岁以后一般都能按照数的顺序顺利地排出20以内的数的顺序，这意味着多数儿童已经掌握了20以内数的顺序关系。

此外，大多数6岁多的儿童能区分早晨和下午；知道一年四季的名称，能基本掌握一周的时序；在辨别"今天"、"明天"、"昨天"的基础上，开始延伸到能辨别"后天"、"前天"、"大前天"。

总之，对于这个年龄段孩子的培养，在数学逻辑能力方面，一定要根据儿童的心理特点和成长发育特点，顺序逐步地进行。

亲子小游戏

下面这个游戏可以帮宝宝提升数学智能，方法简易又有趣，一起来玩吧。

　　开始游戏喽：家长先准备一块正方体、两块不同的长方体，让孩子仔细观察，并找出每块积木在形体上的特点。比如，三块积木各有几面，每个面是否相同？然后，让孩子想一想身边哪些东西像正方体，哪些又像长方体。

　　再叮咛几句：这个练习可以帮助孩子认识正方体与长方体，训练思维的灵活性和敏捷性。

第七章

善于社交的孩子有出息

——抓住孩子人际能力发展的7年黄金期

宝宝从一出生，就开始学着与他人交往了。随着年龄的

增长，与人交往的意识也会不断增强，交往策略也会逐

渐丰富。从小就具有良好社交智能的人，在其日后成长

的道路上，也会拥有良好的社会适应能力和协调能力，

获得他人的帮助，受到众人的欢迎。

1. 人际关系，从婴儿开始培养（出生~1岁）

　　许多人会有这样的疑问，刚出生的婴儿如何有人际关系的发展呢？其实，孩子从零岁开始，已经有人际互动的概念。此时期给予他们正向的互动模式，有助于孩子未来的人际发展。

聪明妈妈私手记
by芊芊妈妈 👣

　　芊芊不满周岁时，有一点害羞倾向，家里来了生人，她总是往我的怀里躲，甚至只和邻居家的依依玩，根本不愿意和别的小朋友接触。我听人说这个阶段是宝宝的认生期，应该多带他们出去玩，见世面，见生人，交新朋友。为此，我和芊芊爸只要一有时间，就会经常带她外出"见世面"。

　　我和芊芊爸不是那种性格外向的人，为此，我们俩会有意识地为孩子建立一个"社交圈"。在我们所住的小区有很多与芊芊年龄不相上下的宝宝，平时有事没事的时候，我们就会跟这些宝宝的家长唠唠嗑，周末或是节假日，要么互相串串门儿，要么大家约好一起带孩子出去玩儿。

　　一开始，芊芊还有点扭扭捏捏，但是参与的机会多了，小家伙也逐渐大方起来。渐渐地，芊芊也有了自己固定的小伙伴，虽说不多，但是正如很多权威育儿书上所说的，一开始，这种活动不需要很多宝宝参加，有两三个宝宝就足矣。家长也不必着急让宝宝之间进行交流，更不要督促他们分享玩具、一起玩儿。对于这些专家的支招，我们俩新爸新妈自然是照单全收。令我们欣慰的是，慢慢地，芊芊能够大胆地交朋友了，一直以来的害羞习惯也逐渐消退了。

还记得芊芊8个月大时，我们一家三口坐飞机去厦门老哥家玩。坐在我旁边的是一位英国女孩，芊芊一上飞机就盯着这个女孩看。女孩当时戴了一副大墨镜，看着芊芊可爱的小脸儿，也很想逗她玩儿。

只见，女孩低了低头，让墨镜滑落到鼻子上，又从墨镜上方看芊芊。芊芊呢，看看女孩的眼睛，又看看墨镜，似乎是在仔细地琢磨："这两个东西之间到底有着怎样的关系呢？"紧接着，女孩又把墨镜摘开，芊芊的目光又立刻跟着墨镜移动。就这样，女孩不断地把墨镜戴上，滑下又摘开。芊芊在这一过程中，始终全神贯注地跟随着墨镜的动静，直到玩累了才停下来。

整个过程，芊芊和这位外国女孩没有一句语言上的交流，但是在我看来，我们的芊芊却跟这个女孩进行了一场内容丰富的社交活动。就在她们俩兴致盎然地"交流"时，我和芊芊爸一直在旁边饶有兴致地看着我们的女儿跟一个陌生女孩进行无声的互动。

后来，当我把这件事情讲给从事教育工作的嫂子听时，她笑着说："芊芊呀，她是碰到了一个特别有趣的玩伴啊。"

🐤 说给菜鸟妈妈听

我们都知道，人是群居动物，每个人都需要伙伴，都需要社会交往。对于刚出生的宝宝来说，父母就是他们第一个社交对象，父母对宝宝的精心照料，让他感到世界是可亲的，人是可靠的，这也使他们建立起对人的信任感。后来，

智慧小博士

人际智能是指一个人理解他人及其关系的能力，人际智能的发展与其他智能的发展是相互联系、相互作用的，肢体运动、音乐、语言智能都会对人际智能造成一定程度的影响。因此，0~1岁宝宝人际智能的培养要与其他智能的提升相结合。

随着宝宝的逐渐长大，开始注意到他人，并且根据自己以往积攒的对世界和人的印象，来开展他的社交活动。

在0~1岁这个阶段，宝宝的人际智能发展，相较于其他智能发展而言，是

比较晚的，而且也不像其他智能（如身体运动智能）能通过单纯的刺激（某些动作训练）就可以得到提升。但是，当你细心留意自己的宝宝时，总会发现这样一些情况：你对他笑，他也笑；你对他做鬼脸，他还是笑，他不会因为害怕陌生人而羞涩地躲进妈妈的怀抱。其实，这正是具有人际智能先天优势宝宝的一种外在表现。

除此之外，具有人际智能先天优势的宝宝还有这样一些特质：看到陌生人不会惊慌、害怕，也不哭闹，反而充满好奇；喜欢观察成人一举一动；爱笑，喜欢看成人的面部表情变化；喜欢与人互动，讨人喜欢；看到其他宝宝时，会主动靠近，想要接触，并和他一起玩。

此外，研究还显示，新生儿对同年龄的婴儿即有相对的吸引力；6个月的婴儿会对其他幼儿的声音及逗弄产生响应；1岁的婴儿对于其他幼儿的反应就更明显，常常会主动发出声音或希望以手触摸对方。所以说，培养一个聪明宝宝就绝不能忽视人际智能的培养。

那么，又该如何将0~1岁的宝宝打造成未来的"人际高手"呢？

1. 建立稳定的情感依附关系。婴儿需要有稳定的情感依附才能建立其对他人的信任与安全感，未来也不会因不安全而担心害怕，裹足不前。因此，维持照顾者的稳定性就非常重要。如果不是妈妈自己带孩子，建议不要经常更换保姆，否则很容易使孩子产生不安全感。

2. 对待孩子的态度要温和。如果孩子长期处于不稳定的情绪氛围中，极易造成不安定的感觉，父母应以温和的态度对待孩子。

3. 用心观察孩子的需求，并适时满足。父母用心观察孩子的需求，并实时响应，才能让孩子有信赖感，未来也能敞开心胸与人交往。

4. 耐心与孩子互动。每个孩子都有其天生的气质，父母要针对孩子的气质做正向引导，与孩子的互动多了，自然会增进情感交流，孩子也会渐渐熟悉与他人的互动交往。

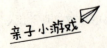

虽说具有先天人际特质的宝宝比较容易建立良好的人际智能，但是这并

不意味着没有先天人际优势的宝宝就无法建立。通过适当的人际游戏训练，宝宝的人际智能也能得到良好的提升。以下游戏就有助于提升0~1岁宝宝的人际智能。

【游戏1：照镜子】

开始游戏喽：父母抱着宝宝照镜子，让他从镜子中认识自己的五官：眼睛、鼻子、耳朵、嘴巴、眉毛等，让他用手摸自己的脸和五官，并做出不同的表情。

再叮咛几句：通过镜子可以教孩子认识和观察人的表情。

【游戏2：打招呼】

开始游戏喽：父母带宝宝去小区绿地、公园、动物园等场所逛逛。当你见到其他小朋友或成人时，不妨拉着宝宝的小手跟他们打招呼："你好，我叫乐乐，你叫什么名字啊？"让宝宝感觉通过语言和动作与人互动的快乐。

再叮咛几句：在这种互动的过程中，最重要的是教宝宝用眼睛看着对方，让他体会与人在视觉上的交流；同时，更要重视父母的榜样和身教作用，以帮助宝宝从模仿行为中感受到人际互动的自然和乐趣。

2. 有玩有闹，培养孩子的社交能力（1岁~1岁半）

这一阶段的孩子，喜欢自己"霸占"妈妈，喜欢各自玩各自的……对于这一阶段孩子社交能力的培养，主要从自理能力、多接触外界和亲子游戏这几方面入手。

聪明妈妈私手记
by 思羽妈妈 👣

　　思羽1岁刚过2~3个月时，很多时候是自己玩自己的，即便是大他二岁的小表哥一凡来家里做客，他也是乖乖地在一旁看一凡哥哥玩，从来不会加入其中，要么就是单独游戏，就是自个儿跟自个儿玩。

　　我从书上得知，对于15个月~2岁这个年龄的孩子来说，绝大部分孩子不会展示太多的社交行为。这种时候，看别人玩游戏就是他们最大的乐趣，而这也是孩子成长过程中一个重要的里程碑。

　　记得有一次，我的一个闺蜜带着她3岁的儿子来家里做客，当时刚好一凡也在，没一会儿工夫，一凡和这个新朋友就打成了一片。

　　当闺蜜看到思羽一会儿自己玩自己的，一会儿又跑来"霸占"我的时候，就趴在我的耳边，嘀嘀咕咕地说："思羽是不是有些胆小啊。"看得出，闺蜜在为思羽缺乏交往技能而担心了，她甚至就要采取措施让思羽参与到孩子们的游戏中。

　　我向闺蜜解释道，这个年龄的孩子往往会有这种倾向，随着年龄的增长，随着人际交往能力的增强，这种现象就会逐渐减少了。

　　看着闺蜜疑惑不解的眼神，我又拉她到厨房嘀咕起来："如果我们采取强硬措施让思羽参与其他孩子的游戏中，反而会增加他的心理压力，使他不愿意交往。而且即便思羽站在其他孩子中间了，他也会因不知所为而感到害羞，或是干脆胡乱闹一番，这样只会惹得别的孩子不高兴，这样不是更令思羽感到尴尬难堪，更加打击他的自尊心吗？"其实，关于这一点，一位名叫洛瑞·贝尔德的早期幼儿教育专家早就说过，如果宝宝只会单独玩的话，父母或许不应担心，因为一个幼儿要掌握与别的孩子一起玩的技巧要花一定时间。如此看来，给孩子爱而自由的空间，孩子的成长也会变得一帆风顺。

其实，如果父母要锻炼孩子的社交能力，就要为孩子提供机会。以这件事情为例，在思羽已具备一定的活动能力和控制能力的前提下，当他乖乖地观察别的小朋友做游戏的时候，我会耐心地向他解释游戏的方法或规则，这样当孩子掌握了这种游戏的技能时，自然会高兴主动地参与其中。

所以说，通过这件事情让我明白了：做父母的不能一看到别的孩子玩得开心，自己的孩子不想加入其中，就断然判断自己的孩子胆小或是缺乏交往技能。其实很多时候，是我们做父母的，在孩子身上施加了不必要的担心与顾虑。

说给菜鸟妈妈听

这个年龄的宝宝与妈妈的关系非常亲近，喜欢自己"霸占"妈妈，不许别人到妈妈身边；喜欢一边偷偷地看着妈妈的脸色，一边肆无忌惮地淘气着；喜欢积极地拉着妈妈去商场，不管见到的是小食品还是玩具，都会要求妈妈买给他。

更值得关注的是，此时的孩子喜欢各自玩各自的，但是往往能主动关注和模仿同伴的动作，从与小伙伴的交往中获得特殊经验。在没有父母参与的情况下，此时的孩子又不得不自己去面对各种从未遇到的交往场景，做出积极、友好的表示，从而获得同伴的肯定和接纳。

智慧小博士
交流智力是善于理解他人、熟探他人心思、与人融洽相处、长于组织沟通的能力。

对于这一阶段孩子社交能力的培养，主要从自理能力、多接触外界和亲子游戏这几方面入手。

比如，教孩子学着大人的样子把小嘴巴"漱"干净。随着孩子一天天地长大，能吃的东西越来越多，留在口腔里的残余物质也会腐蚀萌出不久的乳牙。通常，孩子每次吃完东西、睡前、起床，家长都要督促他们漱口。再比如，父母要引导孩子把自己的想法和需要说出来。敢于说出自己的需要，也是孩子自己照顾自己的一方面。父母应该让孩子明白，无论有什么愿望和需要，只有说出来，才有可能被满足。与此同时，父母要多抽出时间带孩子去大自然，让他们自由快乐地成长。

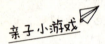

下面这个小游戏《过家家》，是培养孩子自理能力的好机会，也能培养孩子的同情心和协作品德，培养学会与人交往的初步技能。

开始游戏喽：游戏开始前，先安排小朋友分别扮演"爸爸""妈妈""爷爷""奶奶"等角色。游戏的方式主要是模仿大人过日子，如做饭、洗衣、买菜以及照料患病的宝宝吃药、休息等。游戏的道具用手边能找到的一些东西来代替，比如不用的旧毛巾、孩子的布娃娃等。

再叮咛几句：游戏的过程中，家长不要用强硬的方式来"纠正"孩子的表演过程，他们的角色扮演不需逼真，孩子理解角色、参与活动才是最重要的。

3. 抓住交往能力发展最快的时期（1岁半~2岁）

这个年龄的宝宝接触外界事物逐渐增多，在语言智能逐渐发展的同时，人际交往的机会也在逐渐增多。为此，父母要抓住这个交往能力发展最快的时期，为未来的"社交宝宝"打下一个好基础。

聪明妈妈私手记
by琦琦妈妈

琦琦1岁半以后，特别是到2岁时，我们发现原来听话的宝宝变得越来越"任性"了，大人不让干什么，他偏要干什么，一不顺心就大哭大闹。用爷爷奶奶的话说就是"小人精主意正着呢"。

翻了好多育儿书，我才知道，原来这个年龄的宝宝开始产生初步的自我意识和独立性，正处于第一个反抗期。随着宝宝这种自我意识的萌芽，他们会逐步区分自己和他人，开始有了自己的一些想法和意愿，从而与家人产生一些不一致的意见，喜欢自己做一些事情，于是，在家人眼里就变得"任性"了。另外，经常任性或大哭大闹的孩子也与家长的教育方法不当有关，家长对孩子溺爱、娇惯、放纵都会助长其任性的发展。

这些育儿书还告诉我，如果做家长的任由孩子肆无忌惮的话，很可能会放任孩子的任性，直接影响他们的人际交往。要知道，任性的孩子往往随心所欲，很难与同伴友好合作、分享、协商。

后来，我认真反思了一下自己的教育方式，确实有些时候，对待家里这个"独苗子"，父母及爷爷奶奶往往对孩子百依百顺，简直是"要雨得雨，要风得风"，从来没有用心去读懂孩子的内心世界。

再后来，当我试图用心了解我的孩子，试图读懂他的内心时，我开始意识到孩子并不是真心地想气你，其实他只是有自己的一些小秘密不愿与你分享。

不久后的一天，我和家人先开了一次"通气会"，无论琦琦如何的任性和倔犟，我们大人千万不可轻易地给孩子下这样的断言：不听话、不乖、犟、不是好孩子，等等，尤其不能在孩子面前这样反复说。要知道，如果家长以"犟"制"犟"，非要抹掉孩子的"棱角"，那么，有可能真的会使孩子形成固执、违抗的性格。一旦家长与孩子的感情发生对立，他们就易产生逆反心理，凡事总逆着大人行事，再提如何教育好孩子就更难了。

于是，平日里，当琦琦任性时，我们从不用简单、粗暴的态度来"热处理"，而是使用一些具体有效的办法分散并转移他的注意力。当然，对于琦琦提出的一些正常、合理的要求与愿望，我们也会尽量给予鼓励、支持及适当的帮助，并且时不时地提醒自己：千万不要认为宝宝小就处处阻拦，总认为"宝宝不会、不行"，对宝宝事事包办代替，什么也不让干。

与此同时，我们还学着"利用"琦琦的独立欲望，积极诱导他自己多活动，多做一些力所能及的事情，从而培养孩子的独立性，这在一定程度上也避免其任性行为的发生。

时间久了，令我们惊喜的是，琦琦逐渐变得不再执拗、任性了，而且还逐渐形成了一定的正确行为规则意识，这也是我们万万没有想到的。

说给菜鸟妈妈听

1岁半~2岁是幼儿感知生活和交往能力发展最快的时期。这个年龄段的孩子，随着语言和思维的逐步发展，对事物的认识水平在逐步提高，人际交往机会也在逐渐增多。比如说，带他们外出时，会在大人的提醒下与他人打招呼，能够很容易地说出"爷爷好""奶奶好"，接受东西时还会说"谢谢"。为此，父母要多带宝宝外出活动，让自己的宝宝多和其他宝宝接触，在公共场合表现和锻炼自己的社交能力。比如说，多带宝宝去朋友家做客，事先要求宝宝讲礼貌，进门见人问好，接受玩具或食物时说"谢谢"，还要告诉孩子不能乱

翻乱动别人家的东西等。这些
细节都有助于培养孩子做客有
礼貌，行为有分寸的好习惯。

智慧小博士

有条件的家长，不妨带宝宝到亲子乐园这样的集体环境里，和其他小朋友一起玩互动游戏，这对宝宝的语言能力、模仿能力、视听能力及人际交往能力的发展都有好处。

另外，随着这个年龄孩子
交往主动性的提高，他们还会
向父母表达感情。有这样一个
现象很值得我们注意：相比1岁前的宝宝在妈妈离开时会又哭又闹，一旦妈妈
离开后一会儿就又不哭不闹了，1岁半以后的宝宝，即便妈妈离开很久了，他
们依然会哭。这是因为1岁前的宝宝还没发生表征，妈妈不在眼前就想不起妈
妈的样子，自然就不哭了。而1岁半以后的宝宝已经出现表征，脑海中会出现
妈妈的形象，所以妈妈不在眼前了，会让他们越想越哭。这么看来，表征的出
现不但推动整个心理发展，还使宝宝心理过程内化。

除了对父母会表达情感外，此时的孩子还会表现出很多友好行为，比如，
同情受伤、哭泣的小伙伴，向小伙伴表示关心，等等。为此，父母可以利用这
些机会，教育孩子在游戏时不要互相争吵，培养孩子与小朋友分享玩具和友好
地玩耍，培养孩子人道情感及与其他幼儿良好的人际关系。

亲子小游戏

游戏可以很好地培养宝宝的社交能力，对良好性格的形成也能起到一定作
用，下面这个游戏可以让宝宝学会使用礼貌用语，使宝宝初步感知什么是良好
的人际关系。

开始游戏喽：爸爸、妈妈和宝宝先手拉手围成一个圈，再顺着一个方向边走边
唱儿歌："拉拉手，拉拉手，拉着手儿一起走，见面点头问声好，我们都是好朋友。
拉拉手，拉拉手，拉着手儿一起走，分开时要说'再见'，互相关心拍拍手。"

当彼此之间互相拍手时，妈妈再故意轻踩一下宝宝的脚，然后微笑着对他
说声："对不起。"接着再引导宝宝说出"没关系"。

再叮咛几句：优雅的言谈产生于家中。要想培养孩子讲善言的习惯，要想
让孩子成为受同伴欢迎的人，父母一定要注意自己话语的影响力。

4. 发展伙伴关系的阶段（2岁~3岁）

2岁~3岁是幼儿社会交往态度与社会交往能力形成的重要时期，在养育宝宝的过程中，家长避免过度保护或溺爱，让他们跟其他小朋友有更多的接触，孩子与人交往能力的欠缺问题就不会存在。

聪明妈妈私手记
by熊熊妈妈

好友百合在幼儿园工作，经常会给我提前灌输一些育儿经。有这样两个孩子，一个叫军军，一个叫莉莉，引起了我的思考。

军军还不到3岁，已经调皮捣蛋得够可以了。刚到幼儿园没多久，班主任老师就向他的家长反映，军军在班级里，就像一个"小霸王"，谁见了都怕他三分。尤其是女宝宝们，见了他更是四处逃散，因为军军只要看到自己喜欢的东西，不管是谁的，抢过来再说。每次听到老师的告状，军军家长就觉得无地自容，对孩子千叮咛万嘱咐也都无济于事，他们实在是想不出什么良策来改变军军的这种状况。

莉莉在众人眼中是一个聪明伶俐的女宝宝，可是入幼儿园都快1年了，还是和小朋友们玩不到一起。莉莉妈妈反映，每次去幼儿园接她，总会看到她一个人坐着，小小年纪，就一脸的茫然样儿，令大人心痛又不解。莉莉爸妈还算是性格较外向的人，实在是想不明白为什么自己的宝宝会如此不合群。

听了这两位小朋友的故事，百合这样给我分析：表面看起来好像是风马牛不相及的两个故事，但是却关联着宝宝在成长过程中的一个共同问题——孩子的人际社会智能。军军是以自我为中心，莉莉是孤僻不合群，但实质上都是与他人特别是和同伴之间的交往能力的欠缺，而养育者的态度和育儿方式都会或多或少地影响宝宝人际社会智能的发展。

百合接着说，在养育宝宝的过程中，如果大人对宝宝过于保护，平时不让他跟其他小朋友有接触的话，就会出现莉莉那样与人交往能力的欠缺问题。而军军完全忽略其他小朋友的感受，与同伴之间接连不断地发生摩擦的种种现象，并不完全是其自私或道德品质不高，主要是他"自我中心"的心理特点造成的。所谓"自我中心"，就是孩子思考问题的出发点来自他自身，很难站在别人的角度来考虑问题，并很难理解别人的感受，这是5岁前宝宝很典型的一个心理发展的特点。不过，如果家长适时给予正确引导的话，孩子的心理发展还是会走向健康轨道的。

说到这里，我不由得想起平日里家人对2岁儿子熊熊的态度，爷爷奶奶受老观念的影响，总是过分溺爱这个"独苗子"，怕熊熊出去玩受欺侮，就经常把他关在家里。我和熊熊爸爸由于工作忙，很少有时间陪护孩子，很多时候，熊熊是围着长辈过日子的，这也难怪熊熊一到陌生的环境，一见陌生的面孔，就会表现得非常紧张，一副缩手缩脚的样子。

百合接着说，熊熊现在所处的年龄恰恰是社会交往态度与社会交往能力形成的重要时期，我们做家长的千万不要错过锻炼孩子人际交往智能的好时机。渐渐地，我发觉熊熊在我们的教养下，变得越来越大方、越来越懂事了。

培养熊熊人际交往的第一步就是教他作自我介绍。首先，我会设计一些问题，用问答的方式，让他记住答案。比如，叫什么名字——我叫周大熊；今年几岁啦——2岁半；爸爸叫什么名字——周健华；你家住在哪里——夏荷小区19幢3单元808；家里的电话号码是多少……开始训练的时候，以家长说为主。替孩子作回答的时候，语速慢一点，吐字要清晰，这有助于孩子记住答案。慢慢地，等熊熊熟悉这些内容以后，我就会在提问后停顿数秒，诱发他自己来回答。后来，熊熊快3岁时，就能说得更清楚了，甚至连父母的手机号等都能说清。

再后来，我发现熊熊越来越喜欢和小伙伴一起玩，并且能像大人那样去主动地打招呼，加入其他小伙伴的游戏中了。

说给菜鸟妈妈听

2~3岁宝宝的语言发展迅速，与人交往的次数增多，人际关系也有了阶段性的变化。再加上这个年龄段孩子的身体动作能力越来越像大人，能够自由地走啊跑啊，这就大大扩展了他们活动的空间，开始有了自我表现的欲望。于是，我们会发现这个阶段的孩子越来越喜欢和小伙伴在一起玩。

> **智慧小博士**
>
> 两三岁幼儿交往能力的好与坏并不能预测其长大后的社交能力，很多在幼年时期表现内向的孩子，待其成人后在社交上是没有任何问题的。但是，婴儿有一个好的交往能力还是很重要的，尤其是在适应新环境方面，会较少遇到困难，也能相应减少心理问题，更易受周围人的欢迎。

生活中，我们也常常会看到一些幼儿用自己身体的动作或行为，来表示他们想要加入某种游戏中的想法，像撞、挤、拉别的幼儿，这其实就是一种交往的手段。要知道，此时幼儿几乎还没有用说话来表达交往的需要，从成人的标准来看，3岁前的婴儿之间的言语交往往往是很不成功的，他们几乎是在各说各话。

于是，在两三岁幼儿的身上就产生了最初的友谊，他们彼此之间互相喜欢对方，但是这并不会持续太久，有时，甚至在一个小时内就可能转换几个朋友。对这个年龄的幼儿来说，朋友就是一个与自己玩了一会儿的人。当然，也不乏一些幼儿天生就很受欢迎，总有小伙伴围绕在他们身边，而另一些幼儿则没人找他玩，总是一个人待在那儿。

当我们继续发展2岁半至3岁宝宝的人际关系，很快就会发现他们不再像以前那样那么黏人了，更愿意和其他小朋友玩，而且和其他小朋友一起玩耍时，也会表现得大方不自私，彼此之间也能建立良好的关系；当看到别的小朋友独自一人或伤心流泪时，还会将目光注视那些小朋友，甚至还会掏出自己的手绢为这些小朋友擦去眼泪，并安慰他们，让他们别再哭，或邀请他们一起玩。

当然，幼儿具有上述良好的人际社会智能，并非天然形成，也并非一蹴而就。其实，良好的亲子关系和宝宝自身心理的健康发展，都对其形成良好的人际社会智能有着直接影响。

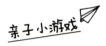 亲子小游戏

为了增强宝宝的同伴意识，让他感受到与其他小朋友一起玩耍的快乐，不妨请三五个跟宝宝年龄相仿的小朋友一起玩下面这个找朋友的游戏。

开始游戏喽：父母先准备好儿歌《找找找，找朋友》的音乐带；然后，父母边唱儿歌《找找找，找朋友》，边带领宝宝对邀请的小朋友表示欢迎，父母可以给宝宝示范，边抱小朋友边说："我找到了，真开心。"并引导宝宝也去找一个小朋友抱一抱。

再叮咛几句：这个游戏可重复进行。在爸妈的配合下，让宝宝学会怎么接近小朋友。

5. 人际关系进入一个新阶段（3岁~4岁）

孩子出生后就如同一张白纸，一切图案的涂抹都是父母一笔一笔描绘出来的，而人际交往智能的培养也同样如此。那么，又该如何帮助3~4岁的孩子度过人际关系的新阶段，为他们的人际关系打好基础呢？

聪明妈妈私手记
by宽宽妈妈 👣

　　宽宽三四岁的时候，早已不再是襁褓中的小婴儿，需要更多地参与社会生活，而他最喜欢也最执著的交往行为就是交换。

　　那时的宽宽从幼儿园回到家的第一件事，就是兴高采烈地从他的包包里翻出一些"宝贝"。还记得第一次，宽宽从幼儿园回来，手拿一些涂满鲜艳色彩的卡片激动不已地问我："妈妈，妈妈，你看，这个卡片漂亮吗？"后来，我才知道这是他用爸爸刚买的玩具小汽车换的。

　　没过多久，那些曾经让宽宽兴奋不已的小卡片又慢慢变成了废报纸、坏了的玩具这些宝贝。有趣的是，在那段时间里，在宽宽的小书包里总会塞满无论是大是小、是好是坏、是便宜还是昂贵的玩具或是食物。

　　不过，即便如此，在那段时间里，我从未用成人的价值观来衡量这种所谓的交换是否值得，对孩子何时能带点像样的东西回家而有任何的抱怨。我知道，这种让孩子乐此不疲的交换行为恰恰是孩子之间的一种交往行为。作为家长，我不应该强硬干涉，也不应该无端责骂，而是要学会放手，让孩子自由地在周围世界中去经历与他人的交往，体会其中滋味。

其实，早在交换行为之前，宽宽会通过和小伙伴分享好吃的来赢得友情。渐渐地，不知从哪一天起，他又发现分享像玩具之类的物品可以让他们的友情持续得更久。于是，在孩子之间就出现了交换这种行为，而借助食物和玩具恰恰能够建构孩子最早的人际关系智能，帮助他们认识人与物、物与物以及物与环境之间的关系。

当然，在我身边，也不乏一些家长会以一颗功利的心，以金钱的标准来看待孩子的这种行为，但是我只能遗憾地说，这些家长忽略了最为重要的一点，那就是在孩子眼里，其实是没有金钱概念的，他们一样有自己的衡量标准。就如在宽宽眼里，他所换来的物品都是最珍贵的东西一样。

后来，我还慢慢发觉宽宽的这种交换经历也无形中为他在人际交往方面的表现积累了力量和经验。

记得有一次，对门刚刚搬来的茜茜小朋友来我家串门。宽宽见了，热情地把玩具抱来，"哗啦"一下堆到地垫上，给茜茜玩。比宽宽略小几个月的茜茜反倒有点害羞，躲得远远的。宽宽又立刻跑进卧室，抱出我的健身球，说："茜茜，我们推着玩吧。"可是即便如此，茜茜还是不想玩。

这可急坏了宽宽，他又拿出海绵大金箍棒，轻轻地在茜茜的头上敲了几下，大概是希望引起茜茜的注意吧。这么一敲，茜茜咳嗽了两下，这时宽宽又赶紧用自己的小瓶子假装装药并有模有样地要喂妹妹吃。这么一折腾，茜茜终于肯和他玩了。后来，茜茜要走了，宽宽还大方地送了她一个毛茸茸的维尼熊。

有了这次经历，更让我坚信在这个年龄段，孩子在与其他小朋友的交往过程中，会体验到一种完全不同于与爸妈和其他成人之间的人际关系，而帮助孩子度过这一时期，为其打好人际基础，对孩子的一生都是非常重要的。

当然，在培养我家这个"社交宝贝"的过程中，我从来没有越俎代庖，或是急于求成，只是做到不干扰孩子自然成长的规律，让孩子在充满爱与自由的关怀自由自在地成长。

说给菜鸟妈妈听

与2岁时相比，这个年龄的孩子开始离开父母进入幼儿园过起集体生活。

智慧小博士

这个年龄的孩子，随着他们对他人的感觉和行为了解的增多和敏感，会逐渐停止竞争，并学会在一起玩耍时相互合作。

在成长过程中，他们已经不再那么自私，对家人的依赖也在逐渐减少，这是自我识别得到强化和感到更加安全的象征。随着孩子对其他人的感觉和行为了解的增多和敏感，也逐渐开始懂得在一起玩耍时要相互合作，比如，学会轮流玩耍、分享玩具等，而且他们还会通过轮流玩耍或交换玩具的方式来自己解决争端，而不是胡闹或尖叫。所以，在这一阶段，家长可以期望孩子玩耍时更加平和而安宁。

另外，这个年龄的孩子大部分的玩耍时间是从事自己喜欢的活动，而这些活动往往需要合作。正如我们常常看到的，学龄前儿童和他们的小伙伴经常在游戏中扮演不同角色，然后进入利用想象或是身边物件构成的虚构情节中。事实上，这种游戏可以帮助孩子开发重要的社交技能，比如轮流、关心、交流以及对他人行为做出适当反应。还有一点值得注意，由于在这些游戏中，孩子会扮演他们想要的任何角色，像希曼、超人和神话中的圣母，这样就能使孩子探索更加复杂的社会思维，如力量、财富、同情、残忍以及性等。如果父母细心观察孩子在这些虚构游戏中所扮演角色的话，你还会明白孩子已经开始确定自己的性别了。

这也就是为什么在家里玩耍时，男孩子往往会扮演父亲的角色，而女孩子则扮演母亲的角色，这也反映了孩子已经注意到了自己的家庭和周围世界的差异。

除此之外，这个阶段的孩子在人际交往方面，还会出现另外一些特征：不再对大人那么顺从，开始有自己的主意，经常会说："我自己来！""我自己做！"这意味着孩子的独立性开始发展了；语言上能区分出"你""我""他"，在行动上也开始不依赖于别人，可以进行自由想象和思考问题；开始冲破单纯的亲子关系，慢慢以朋友作为自己的主要交往对象。当然，此阶段孩子的交往对象还不够稳定，在与同伴的交往中，有可能表现出不合群等倾向；在交往中，往往会模仿自己喜欢的人的行为举止。当然，也不乏一些孩子在交往中会表现出自卑的倾向，对自己的行为产生迷茫，不知道怎么做才符合大人的标准。

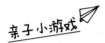
亲子小游戏

培养孩子的社交智能，对其一生的生活、学习、工作都有着重要的作用和意义。下面这个《请你照我这样做》的游戏有趣又有益。

开始游戏喽：妈妈和宝宝面对面坐着，妈妈边说："请你像我这样做。"一边做出各种动作，如拍手、洗脸、抱娃娃、弹琴、做操等，让宝宝一边学着做，一边说："我就照你这样做。"

再叮咛几句：这个游戏有助于培养宝宝正确模仿别人的动作，促进宝宝提高交往能力。游戏中，大人可以不停地变换动作，宝宝也跟着变换动作，速度越来越快。

6. 在玩耍中练就社交能力（4岁~5岁）

当我们做家长的真正放手了，让孩子跟小伙伴自由自在地交往，他们才会从中获得宝贵的社交体验和社交心得。

聪明妈妈私手记
by潇儿妈妈 👣

一年春节，我和女儿潇儿随老公回新西兰奶奶家度假。相比北方的寒冷，那里正值盛夏，孩子们每天都在户外奔跑游玩。

一天早晨，我们全家来到一处儿童游乐场，潇儿和亲戚朋友的孩子们都去玩一种叫做"飞狐"的器械。在那里，早已经聚集了五六个孩子，年龄从两三岁到四五岁都有。

那天，刚巧是其中一个孩子的生日，妈妈们带着蛋糕小吃饮料，举行一个小野餐。玩着玩着，这群孩子自发地组织起来，排队轮流登上"飞狐"飞驰下去，再荡回来。我看到每个孩子都耐心地自觉等待着，轮到自己时，再上去玩儿，玩儿过一次后又把"飞狐"拉回到起始点处，再交给下一个孩子。

看得出，这个器械的确很好玩，我也有点动心了，想加入他们。就在这时，我看到一名年纪小一些的孩子玩过一次之后，把住"飞狐"不交出去，看样子，他还要趁机再玩一次。

这时，孩子们一拥而上，有的抱住这个孩子，有的抓住"飞狐"手把，紧接着，大家就你一言我一语地说："不能这样，我们需要轮流，否则对大家不公平，请你下来，待一会儿就轮到你了。"在小朋友的请求、说理和簇拥下，那个"犯规"的孩子乖乖地松了手，排到队伍的最后边。

然而，出乎我意料的是，发生这一幕时，这些孩子的家长们远远地坐在公园休息处的长凳上，边喝咖啡边聊天，根本没有关注孩子们之间到底发生了什么。

当时的我实在按捺不住自己的想法，心想，如果这种事情发生在中国，家长们恐怕会虎视眈眈地盯着孩子，亦步亦趋地跟着孩子，一旦出现任何矛盾和冲突，他们保准会一个箭步地冲上前，上演一幕评判、裁夺、批评、指正的闹剧。更或许，有些家长还会对自己的孩子脱口而出这样的指令："让着他！别打架！你怎么这么霸道啊！"

有了这一次异域之旅的经历，更坚定了我"放手，让孩子自由成长"的信念。其实，对于儿童来说，自由地玩耍，从来都是一项具有社会交往意义的活动。在玩耍的过程中，无论是内容还是主题，永远和孩子的社交与文化背景紧密关联，孩子们在玩耍的时候，总会不自觉地模仿成年人的行为，自发地建立规则，并且积极主动寻找解决问题的办法。即便孩子在独自玩耍，他们也需要从社交经验中提取角色和象征符号，来进行接下来的活动。

那段日子，潇儿也就四五岁的样子，已经很会主动与朋友交往了，而且身边还有一两个"小闺蜜"，那股子亲昵劲儿让我这个做妈妈的都有点忌妒了。

不过，即便如此，我也从未干涉过孩子的交往，反倒是相信孩子的智慧，放手让孩子自由地玩耍，鼓励她在玩耍中认知并建立规则，开发社会交往的能力。

当然，我的这些付出也没有白费。在与人交往方面，潇儿面对矛盾和冲突时，学会了协调伙伴之间的关系，也掌握了一定的解决问题的技巧。

记得一天下午，我去幼儿园接潇儿。那时，她正在院子里和要好的朋友瑛子荡秋千。玩到半中间，瑛子说要去卫生间，托付潇儿帮助她看管秋千。

这时，另外一个小朋友萌萌过来要玩儿，潇儿想都没想就对她说："这是瑛子先拿到的秋千，她去卫生间了。"等瑛子过来时，女儿又赶忙问她，"萌萌要玩儿秋千，你同意吗？"瑛子摇摇头，我女儿转脸对萌萌说："她不同意，请你等待，好吧？"

看到这一幕，确实让我颇多感慨：在玩耍中，孩子竟然学会了商议、妥协和变通。即便我们成人，恐怕也很难做到如此思路清晰、有理有礼有力吧？在那一刻，我也真真切切地体会到，放手让孩子跟小伙伴自由地交往，他们自然会获得宝贵的机会，而且在这一过程中，也能学会觉察他人的感知与理解力，并且体验到他人的感受和想法跟自己是不同的，甚至是矛盾的。

🐤 说给菜鸟妈妈听

这个年龄段的孩子可能已经主动与许多朋友进行社会交往了，有的还会有一个"最好"的朋友（当然并非与他的性别相同）。为此，孩子最好在幼儿园、邻居家或学前班都有可以经常见面的朋友。但是如果孩子还没有进入学前班，或邻居的孩子不适合孩子的年龄，这种情况下，家长有必要安排孩子

> **智慧小博士**
> 在这个阶段，让孩子承担一些你认为他可以完成的任务，并在他完成时及时给予恰当的表扬，这对孩子人际智能的培养也是非常重要的。

与其他学龄前儿童玩耍，像公园、亲子活动中心等场所都可以为孩子会见其他小朋友提供极好的机会。当孩子找到了他喜欢的伙伴时，家长还需要采取一些措施鼓励他们的交往，可以鼓励他邀请他的小朋友来家里做客。在这种时候，很多孩子喜欢向其他孩子"炫耀"自己的房间、家庭和所有物，这是很正常也很重要的一件事情，这有助于孩子建立自豪感。切记，为了帮助孩子建立这种自豪感，他的房间并不需要多么豪华的装修，也不需要摆置多么昂贵的玩具，温馨令人愉快的氛围就是最好的。

与此同时，此时的孩子已经认识到，朋友不仅仅是游戏伙伴，朋友也会对他的思维和行为产生重要的影响，于是，他们会非常渴望和自己的朋友保持一致。甚至与自己的朋友相处时，他们的行为也经常会超出父母曾经给其制定的原则和规矩。也许有一天，你会发现孩子与你的关系在这些新朋友面前，会发生戏剧性的变化，即便如此也不要失望。当孩子出现一生中的第一次粗鲁，当你像往常一样告诉他做一些他应该做的事情时，他很可能会干脆地回敬你"闭

嘴"，甚至还会咒骂你。虽说这种感受是难以接受的，但是这种粗鲁的表现其实是孩子正在学习挑战权威和测试自立能力的积极反应。处理这种情况的最好方法是表示反对，并与孩子讨论他的真正意思或感受是什么。不过，如果你的反应表现得非常情绪化，只会越发鼓励他继续这种不良的行为。

此外，家长要给孩子留出足够的时间和空间，让他们与同龄人充分交往。在与同伴的交往过程中，尤其是在角色扮演等游戏活动中，孩子会充分了解他人的想法、情感体验。比如，在纠纷与冲突中，冲突的自主解决过程就是对孩子换位思考能力和交往策略的培养过程。如果这种时候，大人直接给予过度干涉的话，很可能就会剥夺孩子人际交往的发展机会。

亲子小游戏

在玩耍中可以很好地锻炼孩子的社交智能，闲暇时，就与孩子玩玩这个《小司机》游戏吧。

开始游戏喽：父母让宝宝邀请一个小伙伴和自己一起玩，开始时，两个小朋友一前一后站立，用一根布带结成一个合适的圈，把两个人套住，组成一辆汽车。一个站前面，扮演司机，手拿一个塑料圆盘当方向盘；一个站后面，扮演乘客。然后，司机问乘客要到哪里去，乘客回答后，小司机嘴里发出"嘀嘀——嘟嘟——"的声音，带着乘客一起在屋子里跑动。

再叮咛几句：这个游戏可以培养孩子的合作意识，发展与别人协调一致共同游戏的能力。一定时间后，两个小朋友再交换角色，继续游戏。

7. 继续提高孩子的交往意识（5岁~6岁）

　　5~6岁的孩子，随着年龄的增长，与人交往的意识在不断增强，交往策略也在逐渐丰富。家长此时应给予有针对性的引导。

聪明妈妈私手记
by 优优妈妈 👣

　　早在优优还是嗷嗷待哺的婴儿时，我就知道宝宝从一出生就开始学着与他人交往了。作为优优的第一任老师，我这个做妈妈的总是适时地为孩子寻找合适的方法，为她设计能促进交往能力的活动和方法，帮助孩子发展社交智能。随着年龄的增长，优优与人交往的意识和交往技巧也在不断增强。

　　如今，优优已经是幼儿园大班的小朋友，她和小朋友一起玩耍时，已经能够很融洽地相处。几个小朋友在优优的带领下，能够一起表演戏剧，编造更多精彩的故事情节。优优还善于发现和利用家里的一些小道具，比如，她会把毯子当做堡垒，把毛巾当做斗篷。这种时候，我总是不加干涉，任其自由发挥。当然，我还会大方地让她用家里的东西，事先给她准备可能会用到的道具。

　　在优优五六岁的那段日子里，我发现她越来越有这样一个倾向：见什么人说什么话。当优优跟比她小的小朋友说话时，听起来又温柔又缓慢："小宝宝想要什么？"而当她看到我时，又会转换为更像大人那样的语气："妈妈，我能把拨浪鼓给小弟弟玩吗？"其实，孩子从两三岁的时候，就开始注意到要在不同的场合说不同的话了，他们也确实开始这么做了。但是，当孩子五六岁的时候，在玩耍和日常生活中，对此会特别热衷，非常注意调整自己的说话方式。

为此，我赶紧抓住这一教宝宝礼仪的大好时机，适时地告诉她和长辈说话时，不能用像对自己的朋友或兄弟姐妹说话时那样的口气。这样做的效果的确好很多，因为这种管教方式跟平常很不同，孩子也很容易接受。

为了帮助优优养成与人交往的意识，逐渐建立社交智能，我总是给她讲一些人际交往的故事。我始终认为，念故事书给孩子听，是兼具关爱和教育功能的最佳亲子活动，不但能让孩子在父母专注而亲密的陪伴下，感受到充分的爱与关怀，而且还能潜移默化地让孩子知道人际交往的重要性。比如，讲到《巨人的花园》这个故事时，我会告诉优优，里边的人物是如何从一个不受欢迎的人逐渐变成一个受小朋友欢迎的人的，并告诉优优，在与人交往时，要学会真诚相待。再比如，和优优看故事书，我会经常问这样一些问题，如："幼儿园添置了新滑梯，大家都想最先玩到，你也想玩，这时候你该怎么办？"在优优说出自己想法的同时，我会引导她建立公平、合作的概念。要知道，这个年龄段的孩子很容易在与同伴的游戏中出现争吵、抢玩具等不礼貌行为，而且常常是以自我为中心，不会考虑别人的想法，这是不利于社交的。在我的认真引导和帮助下，优优逐渐学会从他人的角度考虑问题和关心他人，这也是她发展社交智能非常重要的一步。

此外，这个年龄段的孩子有个特点就是在游戏中，喜欢制定规则。优优喜欢扮演导演，她常常会命令她的朋友："你跑进房间，说'嘘'。"当然，孩子们通常也会轮流来指挥游戏。不过，也有一些时候，在孩子们中会有两个或更多总是想指挥别的孩子。这种时候，孩子之间的火药味就会非常浓。于是，我会尽量让他们自己解决问题，但也会做好准备在适当的时候插手帮他们消除严重的矛盾。其实，孩子在5岁多6岁的时候，对规则往往会高度感兴趣，这实际上是一个承诺和契约。有趣的是，这是孩子在成长中自发完成的。如果家长为了省事而选择替孩子代劳的话，只会打压孩子的积极性，阻碍孩子人际交往的健康成长。

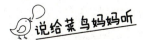 说给菜鸟妈妈听

5~6岁孩子的社交能力往往呈现下面这些特点：

1. 不愿单独玩耍。此时的孩子不愿独自一个人玩耍，更喜欢同一个或更多小朋友一起玩耍。在玩耍的过程中，群体里的孩子会自己指定角色，设计游戏情节，共同在想象的世界里解决问题，并且在竞争中渴望胜利。这种时候，同伴群体开始对孩子产生明显的影响。

2. 能够自己解决问题。这个年龄段的孩子在玩耍的时候，也可能发生矛盾。不过，值得欣慰的是，绝大多数孩子已经知道选择解决矛盾的方法，而不再是轻易用以前的"武力"方式来解决。你会欣喜地发现，孩子会通过改变自己的行为来使小朋友满意，也会努力做点什么来使老师高兴。总之，此时的孩子已经开始学会通过他人的态度、表情来分辨他人的情感了，并通过改变自己的行为来使别人满意，要知道，"最好的朋友"对他们来说是多么的重要。

3. 遵守规则。在集体活动和游戏中，这个年龄段的孩子能够遵守一定的规范，不再以自我为中心，自制力和忍耐力都有所提高，于是你会发现轮流做

> **智慧小博士**
> 当孩子和爸爸妈妈一样有礼貌的时候，要及时给予表扬和鼓励，这会增加孩子的自信心，萌发他与人合作、和睦相处的愿望。

某件事情或是和他人分享某件东西，对他们来说竟然是如此的容易。而且此时孩子的冲动性也在逐渐减少，不但能服从爸爸妈妈或是老师的要求来调节自己的行为，而且也开始能够自觉地控制调节自己的行为了。

总之，这个年龄的孩子与人交往的意识越来越强，也更愿意与人进行交往了。

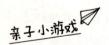

亲子小游戏

创造游戏环境可以帮助孩子学会用积极的方式与别人进行交往，下面这个《美丽的春天》游戏可以引导孩子更好地融入集体这个大环境中。

开始游戏喽：准备一节藕、一个胡萝卜、一个柿子椒，把它们横刀切成两段；再准备各种颜色的颜料；家长先示范如何用这些"菜"蘸颜料再印在纸上，画出漂亮的花；然后家长再用颜色笔帮孩子把花"加工"漂亮。

再叮咛几句：这个游戏如果有更多小朋友一起完成的话，效果会更好。玩的过程中，家长可以提示孩子们互相交换手中的"画笔"，看他们是如何"协商"的。

8. 让孩子多些独立交往的机会（6岁~7岁）

这个年龄段的孩子，正处于社会化的初阶段，帮助他们消除障碍，发展与人和谐共处的人际交往能力，将使其拥有幸福的童年，并为幸福人生打下一个好基础。

聪明妈妈私手记
by依依妈妈 👣

依依很小的时候，身边过来人就反复提醒我，从小培养孩子的交往能力，提高孩子的情商，对其将来的生活有多么多么的重要。对于大家的建议，我自然是非常的认同。

其实，早在依依四五个月，刚刚会坐的时候，我就经常推着她到处撒欢。无论是小区里随便走走，还是公园里四处逛逛，都少不了依依的身影。每每有亲朋好友的聚会，我也让依依在场，多点见识，多点经验。

等到依依开始说话的时候，我发现她很喜欢跟人打招呼，即便是陌生面孔，也会大大方方地叫声叔叔阿姨，有几次，反倒搞得对方尴尬起来。再后来，就连小区门卫物业的工作人员，无一不晓得这个出了名的小丫头了。

我和依依爸爸本来就是那种喜欢交朋友的人，平日里隔三差五地就会约几个朋友来家里做客，还特意"下令"有娃的一定也要带来，这就无形中扩大了依依的交际圈，给她提供了更多独立交往的机会。

记得有一次，依依所在幼儿园的两个小朋友来家里，由于依依一早跟爸爸出去采购聚餐的美食，所以，是后来才到的，而此时那两个孩子在一起已经玩了很久。这样三个人到一起，自然是依依很难融入她们当中，依依几次跑过来告状："妈妈，她俩不跟我玩。妈妈，她们坐我的扭扭车，还不跟我玩。"

听着依依的求助，我并没有着急，只是淡淡地说："你是小主人，要主动招呼你的小客人一起玩啊。"依依见得不到我的帮助，恼了一阵子，后来就不知不觉地和她们一起玩了。有了这些经历，更让我确信，孩子本身总能找到在一起玩的办法，而且孩子总要学会适应，而不是所有人来适应自己。

再后来，随着依依人际交往意识的增强，为了让她有更多的人际交往的机会，我总会适时地为其创造一些与人交往的机会。印象最为深刻的是依依6岁那年的千岛湖之旅，这次外出游玩的小伴侣是依依的小表姐昕昕。

和谐的时候，两个人一起玩耍，唧唧喳喳。出现问题的时候，我又真正领教到，原来孩子们的个性还是蛮强的。第一次冲突是因为果汁，可能分配不公导致两个小家伙涨红了脸，谁也不理谁。身处尴尬的情景，大人、小孩真是没有一点区别啊，没人说话的时光似乎并不美好。

那时，我想可能只是需要个台阶来帮助他们和好。一段行程后，找了个休息的空当，我找话题对依依说："既然是朋友，就不要计较那么多，想想一路上你俩都不理会，是不是很不快乐？"接下来就是一阵的安静。

等我们再次上路时，令人没想到的是，依依快步追上昕昕，很淡定地说："昕昕，我跟你说对不起，你听见了吗？"这时，昕昕猛回头，看依依一脸真诚，竟然感动得哭起来了。

有了这次结伴旅行，更让我确信这是一个锻炼孩子之间的磨合妥协以及寻找最佳交往方式的好方法。孩子的事情最好还是交给孩子自己去处理，在接下来的相处中，他们总会慢慢摸索，进而找出解决问题的方法。

现在的依依已是一名小学生，与人交往方面，也总是表现出团结友爱、尊重他人、热情大方、礼貌待人的一面。我很清楚，这与我们一步步树立孩子正确的交往观，增强其积极主动的人际交往意识是分不开的。

说给菜鸟妈妈听

交往是让孩子适应社会的一个重要途径，良好的交往关系不仅能让孩子结识更多朋友，而且还能让孩子变得越来越自信。对于6~7岁的孩子，培养他们的人际交往能力更是十分必要。这里为大家介绍几种方法：

1. 多跟孩子谈谈心。现在很多父母常以工作忙为理由疏于与孩子交往，其实，忙不是理由，忙只是借口。每天抽出时间，与孩子真心地谈谈心，并且注意教给孩子一些交往的技巧，无形中会培养孩子的人际交往能力。

2. 培养孩子广泛的兴趣。独生子女大多有"一切以我为中心"的意识，这就导致他们在交往中很难获得同伴间互相关心帮助的愉悦体验。但是，一个兴趣广泛的孩子往往更容易受人欢迎。擅长游泳的孩子，在游泳活动中可能会认识很多朋友；喜欢弹琴的孩子，自然会结识一些同样有弹琴爱好的孩子。

3. 多给孩子创造与人交往的机会。有的孩子在家里能说会道，在外面却表现得拘谨、胆小，为此，家长要多给孩子创造一些与人交往的机会，让孩子学会独自应付各种"情况"。比如，如果孩子的同学来家里玩时，要让孩子当小主人，父母不要包办代替；家长带孩子外出，要鼓励孩子问路；带孩子外出坐公交车，要让孩子主动去买车票。孩子耳濡目染多了，自然就会逐渐学会待人接物之道，与人交往时变得落落大方。

> **智慧小博士**
>
> 心理研究证明，如果儿童缺乏与父母的正常交往及由此建立起来的亲密关系，很容易出现明显的性格障碍，缺乏安全感和自信心，难以适应社会生活的各种需求和变化，最终成为人际交往的障碍。

4. 让孩子多参加集体活动。经常参加集体活动的孩子，在与同龄小朋友的相处中，会学会怎样生活、怎样相处、怎样玩耍。当然，在这个交往的过程中，家长也要教育自己的孩子严于律己，宽以待人，互相依赖，彼此尊重。

亲子小游戏

下面这个滚雪球游戏好玩又有意义，有助于培养孩子的社交礼仪。

开始游戏喽：家长让孩子邀请一些小朋友，并把大家组织到户外。家长放一段音乐，指示孩子边绕圈走，边跟紧邻的小朋友握手说"你好！"。音乐停止时，家长请孩子对紧邻的小朋友作自我介绍。

再叮咛几句：这个游戏可以帮助孩子克服害羞心理，战胜自己。